本书是山东省社会科学规划项目"山东省公费师范生职业性向与从业需求匹配策略研究"(项目编号:20DJYJ07)的研究成果

多边匹配:职业性向与需求的多重关系及应用

王元元　著

苏州大学出版社

图书在版编目(CIP)数据

多边匹配:职业性向与需求的多重关系及应用/王元元著. --苏州:苏州大学出版社,2023.6
ISBN 978-7-5672-4354-5

Ⅰ.①多… Ⅱ.①王… Ⅲ.①师范大学-职业选择-研究 Ⅳ.①G657.38

中国国家版本馆 CIP 数据核字(2023)第 074324 号

书　　名:	多边匹配:职业性向与需求的多重关系及应用
著　　者:	王元元
责任编辑:	王　娅
装帧设计:	刘　俊
出版发行:	苏州大学出版社(Soochow University Press)
社　　址:	苏州市十梓街1号　邮编:215006
印　　装:	广东虎彩云印刷有限公司
网　　址:	www.sudapress.com
邮　　箱:	sdcbs@suda.edu.cn
邮购热线:	0512-67480030
销售热线:	0512-67481020
开　　本:	700 mm×1 000 mm　1/16　印张:13.25　字数:238千
版　　次:	2023年6月第1版
印　　次:	2023年6月第1次印刷
书　　号:	ISBN 978-7-5672-4354-5
定　　价:	68.00元

凡购本社图书发现印装错误,请与本社联系调换。服务热线:0512-67481020

序 言

　　2005年高中毕业，对未来懵懵懂懂的我，毫不犹豫地把心理学排在了专业选择的第一位。就这样，我在18岁那年，误打误撞进入了自己最喜欢的领域。

　　17年后的秋天，我坐在电脑前，梳理自己与心理学的过往——学了几门课程，发了几篇文章，做了几年咨询，录了几个视频……除了自认为一直在"成长"和满脑子的"案例"外，似乎没留下什么有形的东西。但我依旧很庆幸，过往这么长的时间里，我没有一刻曾动过换专业的念头，我在心理学的领域里摸爬滚打，虽没成什么气候，却也乐在其中。

　　要说没什么苦恼，也是自欺欺人。人总是要生存，生存就要遵循社会法则，没来由的喜欢可能会让人一时头脑发热，但如果想成大事，就必须有载体。诗和远方很美好，但有时只是海市蜃楼；脚踏实地，才能由近及远，接近梦想。高校"青椒"的生存，除了热情，还需要有成果，比如课题、文章。

　　在博十二年级的一次文献报告会上，"匹配"两个字映入我的眼帘，我们自此结缘。"什么是匹配？""有哪些匹配类别？""不匹配如何应对？"……一系列问题刻入了我的脑海。带着浓厚的兴趣，我开始搜集与"匹配"相关的文献，并以"多重匹配因素对员工行为有效性的影响机制研究"作为博士论文的选题，陆续发表了《P-O匹配对新入职员工职业适应的影响机制》《多重匹配因素对员工工作投入的影响机制：员工-主管匹配的调节效应》、"How Person-Supervisor Fit Influence the Work Engagement of New Hires？"等多篇文章。博士毕业后，我顺利入职高校，以"匹配理论"为基础成功申报了"山东省公费师范生职业性向与从业需求匹配策略研究"及"线上线下双重教学模式下高校教师抗逆力保护及提升策略研究"等省级课题,而此专著正是"山东省公费师范生职业性向与从业需求匹配策略研究"课题(项目编号:20DJYJ07)的最终成果。

在此,首先,我非常感谢我的导师时勘教授。博士入学、毕业,一直到今天,时老师依然在关心我的生活和科研工作。70多岁的他,依旧坚守科研一线,为我们年轻人开路,他是我一生学习的典范。毕业后曾有很长一段时间,我羞于告诉他我的入职单位,总觉得自己给课题组丢脸了。后来有一次我们在潍坊相遇,他真诚地祝福我,并告诉我"只要你们过得幸福,在哪儿都可以发展"。时老师深厚的学术理论素养,对专业问题独到的见解,对待学术和工作认真努力、谨慎钻研的态度,对学生的倾心关注让我佩服与敬仰,他为我以后的人生之路树立了良好的榜样。

其次,我很感谢现在的领导和同事。潍坊学院是百年老校,学风非常开放,对年轻人很友好。入职以来,所有的领导和同事都在生活和工作上给予我无尽的支持和鼓励。我尤其感谢曲振国教授和欧晓霞女士,他们于我亦师亦友,丝毫不保留地把一切传授给我,让我学会感恩、感激、感谢,并充满正义的前进力量。

最后,感谢我的家人。感谢我的先生能给予我无尽的宽容、理解与支持,为我专心研究提供坚实后盾,让我在这么多年的学术生涯中虽然成就不多,但依然有力量坚持下去;感谢我的孩子们给予我的鼓励,他们总能在我遇到困难时,为我指明方向(孩子真的是"小天使"和"哲学家",他们虽然年龄小,思维却非常敏锐);尤其要感谢潘光哲,感谢他在我焦头烂额时帮我厘清工作计划;感谢其他所有支持和关爱我的家人们,你们的期许,是我成长的无尽动力。

在写作本书时我参考了国内外诸多文献与书籍、博硕士论文,从中汲取了许多智慧和思路,在此谨向相关作者表示深深的感谢与敬意。

书稿分为绪论、理论基础、多边匹配理论在管理实践中的应用、多边匹配与公费师范生四个模块,每个模块里穿插了丰富的实践案例,并附录了管理人员、普通员工和公费师范生的调研问卷,可以为相关领域的研究者、人力资源部门工作人员和公费师范生培育院校提供参考。

多边匹配对员工行为有效性的影响机制研究是个日渐受研究者关注的课题，我希望本书能为多边匹配对我国员工和组织的影响研究做出自己的贡献。公费师范生是乡村教育振兴的重要力量，希望本书能为公费师范生的长期留任提供些许建议。

王元元

2022 年 10 月 11 日 山东潍坊

目 录

■ 绪 论 / 1
    第一节 为何"匹配"研究如此重要？ / 1
    第二节 "多边匹配"的研究意义与价值 / 11
    第三节 案例研究与剖析 / 13
    第四节 结论 / 15

第一部分 理论基础

■ 第一章 多边匹配理论及其应用 / 17
    第一节 人与职业匹配理论 / 18
    第二节 人与组织匹配理论 / 19
    第三节 与多边匹配相关的概念 / 22
    第四节 多边匹配的测量 / 25
    第五节 与多边匹配相关的应用研究 / 26

■ 第二章 多边匹配与职业性向的关系 / 30
    第一节 多边匹配与员工职业适应性 / 30
    第二节 多边匹配与员工士气 / 31
    第三节 多边匹配与组织认同 / 32
    第四节 多边匹配与员工满意度 / 33
    第五节 多边匹配与员工工作投入 / 34

第六节　多边匹配与团队士气 / 34

第七节　结论 / 35

第二部分　多边匹配理论在管理实践中的应用

第三章　多边匹配对员工、团队士气影响的研究思路 / 38

第一节　研究思路 / 38

第二节　研究的总体框架 / 38

第三节　研究的技术路线 / 39

第四节　研究目标 / 40

第五节　研究内容与假设 / 40

第四章　多边匹配对新入职员工职业适应性的影响 / 45

第一节　研究的理论基础与假设 / 45

第二节　研究方法 / 48

第三节　研究结果与分析 / 49

第四节　讨论 / 59

第五节　结论 / 62

第五章　多边匹配对老员工、团队士气的影响 / 63

第一节　研究的理论基础与假设 / 63

第二节　研究方法 / 67

第三节　研究结果 / 69

第四节　讨论 / 97

第五节　结论 / 103

第六章　多边匹配对员工行为有效性影响的验证研究 / 104

第一节　多边匹配对新入职员工职业适应性影响的验证研究 / 104

第二节　多边匹配对老员工、团队士气影响的验证研究 / 122

第三节　验证研究的综合讨论 / 129

第四节　验证研究的创新与意义 / 131

第七章　总结与反思　/ 132
　　第一节　研究的主要结论　/ 132
　　第二节　研究的创新之处　/ 133
　　第三节　研究的不足与展望　/ 135

第三部分　多边匹配与公费师范生

第八章　公费师范生职业性向现状的叙事研究　/ 137
　　第一节　研究对象与访谈提纲　/ 137
　　第二节　公费师范生访谈案例　/ 139
　　第三节　给未来高考生和在校公费师范生的建议　/ 146

第九章　在校公费师范生职业性向现状与培育策略　/ 147
　　第一节　研究背景　/ 147
　　第二节　研究过程　/ 148
　　第三节　研究结果　/ 149
　　第四节　讨论　/ 152
　　第五节　结论与优化策略　/ 154
　　第六节　研究不足与展望　/ 156

第十章　新入职公费师资职业适应现状及提升建议　/ 157
　　第一节　研究背景　/ 157
　　第二节　调查过程　/ 158
　　第三节　调查结果　/ 160
　　第四节　讨论　/ 167
　　第五节　结论与建议　/ 169

第十一章　公费师范生对口接收学校的就业需求调研与分析　/ 172
　　第一节　职业技能　/ 172
　　第二节　职业能力　/ 173
　　第三节　职业兴趣　/ 174
　　第四节　工作风格　/ 175

第五节 职业价值观 /176

第六节 工作活动 /176

第十二章 乡村振兴视野下公费师范生培育路径探索 /179

第一节 地方公费师范生思政教育的必要性和重要性 /179

第二节 地方公费师范生存在的思想问题 /180

第三节 地方公费师范生培育的路径探索 /181

附录 /183

附录一 /183

附录二 /184

参考文献 /189

绪 论

第一节 为何"匹配"研究如此重要?

一、社会变革及人本主义思潮的回归

自第二次世界大战以来,世界各国在政治、经济、文化、科技等方面发生了翻天覆地的变化,社会面临前所未有之大变革,主要表现为传统小农经济渐趋消亡、中高等教育普及、工人阶级意识局部模糊和女性传统角色发生转变等(姜静,2022)。

改革开放 40 多年,我国经济、科技发展迅速,社会变革日新月异。在经济发展、工业化和城市化进程的带动下,农业人口急剧减少,2021 年 5 月 11 日,国家统计局公布的第七次全国人口普查数据显示:居住在乡村的总人口占总人数的 36.11%。农民大量涌入城镇,给城镇就业造成极大压力。2022 年,中国高等教育毛入学率达到 59.6%(数据来自教育部发展规划司),接受高等教育的机会不再是社会的稀缺资源。校园内大量学生通过互联网等进行分享、交流、比较,对职业的认识和需求也发生了相应的变化,这对传统的就业空间造成较大冲击。随着受教育程度的提高,毕业生对工作环境、薪资福利和职业成长路径提出了更多要求。而对于劳工阶层来说,经济发展促使他们有了更高的收入,不再局限于"职业仅仅为了谋生"这一理念。另外,女性新意识的再次觉醒,改变了女性扮演的传统角色,她们开始在公众事业中拥有相当比例的参与度。由于要兼顾家庭,女性也对职业的灵活性提出了更高需求。

世界范围的社会变革给人本主义思潮回归创造了空间，使得人们开始关注精神生活，尤其是个性化需求和自我认同。马克思认为，人是自然界和社会共同的产物，人有自己的情感、思想，每个人所处的历史和社会环境不同，他们的需求不同，活动也随之发生变化。人本主义思潮的回归，把职业的人本化推上风口浪尖。职业不再仅仅为员工提供薪资和福利，不再局限于承担"交换"价值，人们开始在职业中关注自己的感受与价值实现，更愿意选择自己感兴趣的职业，进入与自己人格特征相适应的职业领域。好的职业必须能体现人的发展本质，以满足人的各种需要，帮助人类在实践基础上建构良好的社会关系，从关系中获取相对应的精神需求。

马斯洛提出，人的发展主要有五种需求：生理的需求、安全的需求、归属和爱的需求、获得尊重的需求和自我实现的需求。生理和安全的需求属于基础需求和缺失性需求，只有它们得到满足，才能衍生出更高级的需求。2021年，我国全面建成了小康社会，实现了第一个百年奋斗目标，人民生活水平得到了很大提高。政府工作报告显示，脱贫攻坚取得了巨大成就，2019年年末，我国农村贫困人口减少了1109万，贫困发生率降至0.6%，区域性整体贫困基本得到解决。在这样的社会大变革背景之下，物质生活的不再匮乏促使人们追求更高级的需求，"人的本性、动机、潜能、经验、价值"等词汇逐渐进入日常生活。学校教育也面临前所未有的挑战，教育改革势在必得。"培养什么样的人？""怎样培养人？""未来社会需要什么样的人"……诸如此类的疑问不断拷问着每一个教育工作者。"我是一个什么样的人？""我会成为什么样的人？""我会为社会发展做出哪些贡献？"等问题，也是每一个年轻人必须思考的。

关注人的整体、关注人本身的特性、关注自我实现、关注健康人格已提上所有人的日程。"匹配"研究遇到前所未有的机遇和挑战。

二、高校扩招、疫情、经济等因素带来的就业难

近年来，在疫情困扰、经济下行和国际局势变化的多重压力影响下，部分行业、企业面临较大经营困难，用人需求急剧缩减。与此同时，高校毕业人数却逐年增多，2022年毕业生人数和增量创历史新高，达到1076万人，堪称"最难就业季"。截至4月份，2022年大学毕业生的就业率为23.6%。尽管社会各方采取了很多政策和措施来促进就业，但要帮助他们实现高水平、高质量的就业，获得自身特质与职业的高度匹配仍然比较困难。

对影响大学生就业的主要因素进行研究梳理，发现大致可将影响大学生就业的因素分为环境因素、个人主观因素和人口统计学因素三种。环境因素

包括疫情环境、经济因素、家庭期望、政策因素、朋辈因素等（杨仕元，岳龙华，高蓉，2022）。个人主观因素包括个人对职业的期望、秉持的职业价值观、职业生涯规划、职业风险认知、对疫情的关注和认知度、心理韧性等（孟媛媛，刘瑶，李雪梅，2022）。人口统计学因素包括性别、年级、专业、生源地等。这些因素中，对大学生择业影响最大的是自身的就业心理（职业认知、职业兴趣、职业期望）及其应对方式（主动或被动）（陈其秀，彭文波，2022）。方小婷等（2017）认为，主动性人格特质对大学生职业生涯探索具有积极预测作用。刘春雷（2022）认为，大学生的职业发展规划、对就业的认知与其抑郁情绪有关，且影响择业效能。

此外，大学生就业呈现多元化、满意度低、离职率高等特点。麦可思研究院发布的《2022年中国大学生就业报告》显示，2022届本科毕业生中，仅有55%选择单位就业；有4.2%的人选择灵活就业（其中，大学生灵活就业群体中近三成属于依托互联网平台的新就业形态，教育领域仍是灵活就业毕业生相对集中的领域，其中创业者占到1.9%）；15.9%暂无具体打算；19.2%选择继续学习（包括在国内和国外学校学习）。根据教育部的统计数据，2022年中国大学毕业生在毕业半年后就有73.56万人失业，失业人群中有51.59万人选择继续寻找工作，有5.46万人无业但正在复习考研和准备留学，另有16.51万人没有求职和求学行为。满意度方面，大学生的就业满意度为65%。其中本科毕业生就业满意度为66%，高职高专毕业生就业满意度为63%。自由职业、受雇半职群体、自主创业者的月收入和就业满意度相对较低。可以看出，不但大学生就业率存在问题，而且对于已经就业的学生来说，他们并没有找到与专业和自身素质相匹配的工作，入职后满意度不高，这些都可能会成为后期离职的重要风险因素。其中，2022年对自主创业群体进行的调研数据表明，他们面临的生存挑战比往年有所增加。2018届毕业后选择创业的本科毕业生中，三年内超过半数放弃创业；创业的高职毕业生中，三年内有六成以上放弃创业。

麦可思研究院2018年关于大学生离职的调查报告显示，2017届中国大学毕业生毕业半年内的离职率为33%，与2016届（34%）基本持平，其中主动离职者占到总人数的88%。而2022年的调查显示，大学生离职率达到49.23%，跳槽次数增多，跳槽时间间隔缩短；且出现民营企业离职率高于国企的现象。离职的主要原因是大学生毕业后急迫地寻求一份工作以满足经济所需和社会期待，但入职后感觉与期望相差太大，力不从心，职场的生活远比大学生想象中要难得多。而最重要的原因是，用人单位的各方面需求和毕业生职业性向及职业期待不匹配（75%的人表示自己在入职前得到的信息与入职后的现实存在极大差距）。具体来讲，大学生离职跳槽的原因可以分为以下几类：（1）入职前对职业了解较少，造成职前职后信息不对称，期望和现实落差较大；（2）大学生的自我认知较少，不清楚自己适合什么样的职位，无法实现自身特征与职业的良好匹配，从而在选择工作时错过了很多好机会；（3）大学生本身的群体特征，比如喜欢追求新异刺激，这山望着那山高，总想尝试不同的职业，因而浅尝辄止，无法真正融入职业群体，体验职业的乐趣，对职业做深入了解；（4）企业内新入职员工职业生涯规划、激励机制体系不完整；（5）大学生对薪资福利、晋升空间、职责划分、过度加班等不满意。对于离职，大学生也有自己的想法，比如某高校毕业生这样表达自己的心声和态度："其实谁也不想这样跳来跳去的，真的很累，但如果内心对自己、对未来还有一小点期许，就会不断去寻找自己想做的。"

因此，对于大学生来说，一方面要慎重考虑未来工作，提前做好生涯规划；另一方面，一旦入职，要理性跳槽，遇到不匹配状况时，应尽量学会调整。中国教育科学研究院研究员储朝晖说："对于离职这一决策，在没有找到与自身喜好相匹配的工作前，可以跳槽去寻找和试错，但不可过于频繁。一旦找到自己满意的工作，应持之以恒，积累工作经验，理性调整自己的职业规划。"对于企业来说，在选人时要尤其注意岗位所需与候选人职业性向的匹配，按需选人；另外，大学生入职后，单位要从待遇、福利、成长空间、精神滋养和人文关怀等角度，关注他们的发展，增强新入职员工的组织认同感和归属感，减少离职意向。

三、乡村振兴计划对匹配性公费师范生的急切需求

（一）农村学校对公费师范生需求的紧迫性

因城乡经济社会发展差距的客观存在，农村学校面临教师执教水平经验不足、教师流失严重、学校工作日内师资缺口亟须填补、部分学科教师结构性缺失、急需新型年轻教师的融入等问题，发展农村教育，阻止贫困的代际传递，教师是关键。为振兴乡村教育、实现教育脱贫、均衡城乡教育资源、为乡村输入新鲜年轻的血液、激活乡村教育与经济，《乡村教育振兴行动计划（2018—2022）》提出了要加强农村教师队伍建设，而公费师范生政策是满足农村学校对教师需求的最好路径，能够为我国教师队伍提供许多新鲜血液，促进教育公平的实现（周雪垠，吕依驰，2019）。鼓励公费师范生长期从教、终身从教是促进农村学校教育持续性发展的重要举措。有志和优质公费师范

生的长期、终身从教，不但可以促进先进教育理念和思想的全方位渗透，保障农村学生接受优质教育资源的权益，而且可以增强学生的就业创业能力，激发其向上流动的志向和抱负，实现"精准教育扶贫"，促进教育效益向"人力资本红利"转换。

（二）公费师范生在培养中出现的问题

公费师范生培养中存在着师范生报考动机功利化取向明显、入校学习动机不坚定、从教意愿不强烈、性别比例失调等问题（王谦，王丽娟，2019；马静，2018），甚至有部分学生出现违约现象，有较大比例的学生出现违约意向。部属师范大学培养的公费师范生真正到农村地区任教的人数非常少，绝大多数毕业生留在了城市（至少是县城），这与当初培养公费师范生的初衷并不对等（马静，2018）。中国青年报社2014年的调查显示，首届公费师范生中仅有31.9%的学生愿意从事教师职业，愿意回到农村从事教育工作的比例则更低；57.2%的公费师范生在进入大学后发现自己不适合或不喜欢做老师，超过一半的公费师范生表示报考的时候对政策了解不足。而在学业上，公费师范生也呈现两极分化的趋势，一部分学生对即将从事的职业认同很高，感觉教师是一项光荣的职业，学习投入度高，自主性强；而另一部分学生对教师这一职业角色存在认知模糊的情况，职业信念不强，导致学习积极性不高，动机不强，与同年级非公费师范生相比，他们对职业的受限性表现出极大的排斥性等负面情绪（王元元，2022）。

（三）公费师范生入职后面临的困境

因为经过了专业的、现代化的教师成长训练，公费师范生在入职后将成为影响学生成长和学校发展的关键因素，但也由于他们自身的独特性，他们在工作中会遇到各种各样的困惑和诸多实际困难。房艳梅2019年的研究表明，公费师范生的职业认同感低，需进一步提升。钱芳等2019年对我国中部某省属高校进行的调研显示，公费师范生男女比例失调，并呈现出终身从教意愿低、对教学满意度低、继续履约意愿低，以及就业向城性的趋势。罗德钦等2013年的调研也发现公费师范生在农村留任的意愿比较低，累计53.7%的公费师范生表示履行完从教协议之后会考虑选择从事其他行业的工作。对这些现象进行分析发现，根本原因在于公费师范生对于教师这一职业的期望和认知（薪资、职业发展、精神追求等）与农村教师现实的工作环境之间出现了偏差。因此，了解公费师范生的就业性向及用人单位的就业环境、就业需求等对于规避风险、预先解决入职问题有极大的现实意义和价值。

（四）匹配性解决策略对师范生长时间留任的重要性

人与组织匹配的理论认为，个体通过对个人价值观，所掌握的知识、技能或能力与组织特征，工作需求之间的契合程度进行评价，形成对个体与组织（person-organization，P-O）匹配、个体与工作（person-job，P-J）匹配的感知，这种感知不仅会影响到个体的态度，还会影响到其行为，甚至是其所在团队和组织的效能（Kristof-Brown, et al, 2014）；根据目标设置理论，当员工所具备的价值观与组织相似（P-O 匹配较好），所掌握的知识、技能和能力能满足工作和组织所需时（P-J 匹配较好），员工就会得到较好的反馈，因而对组织更加认同，在工作上更自信，感受到较高的自我效能感，情绪会比较积极，对工作和组织的满意度更高，更愿意去了解和学习与组织和工作相关的知识，表现出更高程度的工作投入（Berkelaar, B. L., 2014）；根据社会认同理论，组织内的员工更有机会融入与自身价值观和目标相似的组织（P-O 匹配好），组织内与自身具有相似心理特质的个体更容易相互吸引并产生交流互动（person-group，P-G 匹配好），这样，组织内的员工就会形成更强、更一致的价值观和组织氛围，员工也会对这种由自身形成的强有力的价值观更加认同，进而表现出对组织的满意并用更高的工作投入来回馈组织（Farooquia, S., & Asha N., 2014）。

诸多关于匹配性的研究已经表明，人与组织的匹配不仅会对其工作投入、组织公民行为、绩效、满意度、组织承诺、角色内行为产生积极影响（王元元，2022；王元元，时勘，2015；时勘，王元元，2015），而且能对员工的离职倾向做出预测，施耐德（Schneider）等（1987）的研究也表明个人与组织的高度匹配会降低人员的流动。

而对于新入职教师来说，其专业的发展不仅影响自身的终身发展，而且对学校的发展和学生的成长也起着至关重要的作用。新入职的师范生教师普遍存在职业理想与现实具有落差、业务能力发展滞后、专业提升被动等现象，具体表现为教育理想及教育信念不够坚定，专业知识与专业能力不足。针对新入职师范生教师专业成长中的问题，可以充分发挥他们基础好、潜力大、可塑性强、易受外部环境影响等特点，采用匹配性的理论，在入职之前就了解其职业性向与就业单位的需求，针对性地为他们解决专业成长中遇到的问题，构建以学校文化为引领，以职能处室为保障，以专业提升为动力的发展平台，助力新入职公费师范生教师的可持续发展。

四、国际竞争为企业和员工带来的挑战

随着国际商业竞争的不断加剧，国际政治、经济环境剧烈变化，人们对

产品的需求日渐多元化，全球所有企业均需经常面临内部变革，比如企业的战略目标和组织结构的调整，这种复杂多变的经营环境要求组织有足够的弹性来应对各种动态局势，因此，企业都在努力寻求将劳动力整合到组织结构中的最有效方式，以便能够在激烈的竞争中站稳脚跟，达成稳定的组织目标并实现组织的进一步扩展。因此，企业对作为核心竞争力的员工提出了更高的要求，员工在被选拔和雇佣的过程中，考核指标和效标发生了拓展，员工的招聘与选拔也变得越来越频繁，即员工必须有足够的能力来适应组织的变化，实现自身与组织的高度匹配。另外，随着人们对产品的需求越来越多元化，企业不得不经常调整自身的经营策略以适应市场的多元变化，这也对企业员工的工作模式调整提出了挑战。因此，员工必须能够时刻学习和吸收新知识，提高自身与新工作任务的匹配度，而且员工被要求在完成自己任务的同时，能够在不同的工作团队之间灵活变动，在模糊的情境下做出恰当决策，为企业创造更多价值。面对如此挑战，不仅员工要调整自身状态去适应新的团队和领导，企业也应该为员工提供相应的培训福利，以帮助员工安全地度过适应期。总之，这样激烈的竞争环境对企业和员工均提出了更高的要求与挑战，在员工招募、配置、工作和培训过程中，匹配性因素显示出无比的重要性。从短期的"人-岗"匹配到长期的"人-组织"匹配都已成为管理人员非常看重的因素。匹配性好的员工在新入职初期及后期的工作过程中，都表现出其优势的一面。

  人与环境互动心理学认为，只有当人与所处的环境特征相一致时，才会激发出其内在潜能，开发出积极的行为。对于企业的人力资源管理人员来说，将合适的人放到合适的组织中，为组织寻求到合适的员工是他们选拔人员必须考虑的先决条件。而员工与组织价值观和组织文化的匹配对诸多与工作相关的结果变量有着非常重要的影响，也会对员工整个的职业生涯发展有不可估量的影响。因此，探索员工与组织的多边匹配对员工和组织发展都具有非常重要的意义。

  另外，对于企业中已入职的老员工来说，他们在长期的工作中会受到社会比较等诸多因素的影响，也会对自己的工作和环境产生不满情绪，甚至会产生工作倦怠，这种不良的情绪如果不加以调适，很容易会影响到个人绩效，甚至团体绩效和组织氛围，而适时地对他们进行匹配性监测与干预可以在一定程度上提高他们的组织认同、工作投入和满意度等，对留住员工，提高其组织忠诚与工作效率有非常重要的作用。

  总之，在激烈竞争环境下的企业，应注重员工与企业的多边匹配性对员工职业发展及组织发展的影响,实现从注重传统经济资本(资金、工程、专利、设备、材料)、人力资本(经验、教育程度、知识、技能、能力)向注重社会资本(人际关系)和积极心理资本(自信、希望、乐观、韧性)与企业文化理念匹配的转变,更深刻地认识到匹配因素对员工及企业发展的重要性。

五、学术研究的推动

(一)人与环境互动心理学

人与环境匹配源自人与环境互动心理学,最早可追溯到勒温(Letwin)的场动力学说。但是最初的组织行为学与管理心理学研究并未重视这一观点,在研究上着重从单一角度(个体的个性特征、人际环境等)来考察人的心理特点与行为模式,仅对个体之外的环境变量予以控制。后来,越来越多的研究者认识到这种研究范式存在的问题,开始引入环境因素对个体心理和行为的影响。很多研究发现,员工的行为和态度不仅仅受到其个性特征、行为习惯及自身所掌握的知识、技能和能力等因素的影响,其与周围环境的交换互动,比如组织的文化氛围,人与人之间的交流、摩擦和协调等都会影响其行为表现。再后来,各种组织行为学、管理学和心理学理论开始考虑人与环境的双边互动。最具代表性的是霍兰德(Holland)的人职匹配理论、布朗芬布伦纳(Bronfenbrenner)的生态系统理论和施耐德的"吸引-选拔-磨合"模型(Attraction-Selection-Attrition Model,简称A-S-A模型)。霍兰德的人职匹配理论认为个体的职业选择是其人格的延伸,同一职业群体内的人有相似的人格特征,对很多问题有相似的反应,进而产生更相近的人际环境,只有当个体的人格特征与其所从事的工作相匹配时,员工才会有高的工作效率。布朗芬布伦纳的生态系统理论认为人与环境的互动是个体发展的关键。施耐德的"吸引-选拔-磨合"模型认为对求职者来说,他更愿意进入与他有相似价值观和目标的组织中。而对于组织来说,与组织目标和组织内员工个性特征不相似的求职者会被排除在候选人之外。被选拔进组织的员工经过与组织的磨合,如果能实现与组织的高度匹配,就成为组织的正式员工;如果没有实现高度匹配,则可以选择离开。这样周而复始,组织内员工就有了高度的匹配性,进而形成更具特殊性的组织氛围,这样的组织氛围又进一步影响员工的心理与行为。

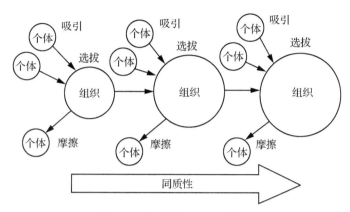

图 0-1 施耐德的 A-S-A 模型

（二）人与组织的多边匹配理论

近年来，人与组织的匹配又重新受到研究者的青睐。诸多研究者均得出了较一致的结论，即人与环境的匹配对员工行为、工作态度和职业健康均有积极的影响。因此，从人与环境相互影响的角度出发，探索各种匹配因素对不同职业阶段的员工态度和行为影响的具体作用机制，并将研究层面从员工本身扩展到团队层面，不但会丰富匹配因素对员工影响的研究视角，而且会拓宽人与环境匹配的研究思路，完善人与环境匹配的管理理念。

人职匹配理论由美国心理学家帕森斯（Parsons）创立，爱德华（Edwards）对其进行了发展，其核心旨在将合适的人放在相应的工作岗位上，使其发挥个人最大的效用，主张人的个性与职业性质相匹配。人与职业的匹配总是和积极的工作行为（工作投入、组织公民行为、满意度、组织承诺等）相关（Jang, 2017），公费师范生职业性向与未来职业的匹配也会对留任意向、职业适应、职业绩效产生积极的正向影响（章飞，2020）。人职匹配的关键是克服信息的不对称问题，如果公费师范生对自身的职业性向缺乏了解，不能匹配好职业性向与未来要从事的职业，就会影响自己的职业生涯，甚至浪费国家资源。

人职匹配主要涉及职业兴趣、职业能力倾向、职业价值观和职业人格等方面，而目前关于公费师范生的研究主要集中于职业认同及知识技能的匹配，对职业兴趣、职业人格、价值观等的研究并不多见。因此，从"人职匹配"视角切入，建构公费师范生职业性向指标体系，了解公费师范生职业性向的特点及面临的问题，可以更有效地汲取和培育与农村教师相匹配的优质"定向师资"资源。

（三）职业性向理念的兴起与研究走向

职业性向是指一个人所具有的有利于其在某一职业方面成功的素质总和，能决定个体职业满意度、职业稳定性、工作成就感和职业可持续发展的动力。教师职业性向是教师积极投入教学并长期保持教育热度的情意保障（刘雄英，2011）。只有真正热爱教育事业的公费师范生，才能克服农村艰苦的工作环境，持续性地努力工作，并从中获得成就感和价值感，为农村教育事业乃至乡村的全面振兴发展贡献自己的力量（任胜洪，2020）。

对教师职业性向的研究从对其内涵和结构的理论探讨开始，普遍重视知识、技能等浅层性向，对于决定教师能否"留得住、教得好"、能否获得幸福感和价值感的深层次原因，比如职业兴趣、动机、人格特征与从业需求的匹配度等方面的研究涉及较少；关于职业性向的评价及现状研究多关注职业性向匹配不良带来的负面后果，如学业被动、毁约、离职等（赵英，李邮，2020）；公费师范生职业性向的培育方面，研究聚焦于物理环境、薪资福利、课程设置等宏观外围策略，比如提高农村校舍配置、提升农村教师的福利待遇等（曹珊，2020），忽略了对主体心理因素和主观能动性的关注和挖掘。归纳起来，关于公费师范生职业性向与职业发展的研究，实证研究较少，缺乏科学的研究工具；在对职业性向的考察中，研究大多关注不匹配带来的负面后果，而忽略公费师范生在面对不匹配时所做的努力，以及干预可以带来的"不匹配"向"匹配"转化的可能性；在培育策略方面，大多关注国家宏观政策方面的调整与经济因素的扶持，对于公费师范生自身及培养院校方面的调整重视不够，忽略公费师范生自身的个性心理特征、抗逆力、应对方式和主观能动性等弹性因素。总之，以往研究对影响学生职业性向的心理保护因素及与之契合的学校管理培育机制等重视程度不够。对于是否将职业性向纳入"公费师范生"选拔标准，如何借助学生柔性心理增加其职业性向的匹配度等方面的研究较少。

（四）"不匹配"的应对研究及干预的可行性

尽管匹配总是与好的工作绩效和行为相关，但对于大多数人来说，工作中或多或少存在某种程度的不匹配。吉安娜（Jana）等人2014的研究表明，个体与职业的不匹配并不总是与工作变动成正相关，而且这种不匹配会随时间而发生变化，留任时间越长，员工的不匹配感会越弱。皮萨里德斯（Pissarides）提出的个体应对"人职不匹配"的博弈均衡模型认为不匹配是可塑的，会随着个体认知和行为的调整而发生变化。伊丽扎贝斯（Elizabeth）通过访谈归纳出员工应对不匹配时的"即刻决策（离开或者调整）-寻求缓冲

（表层行为的改变、看中匹配方面、把不匹配看作暂时的）-顺从（心理抽离、以困难为傲）"的策略（Follmer, et al, 2018）。在对公费师范生的研究中，极少有研究提及当他们意识到自己与未来职业不匹配时会不会做出调整，尚没有研究聚焦研究他们由不匹配向匹配转换的可行性。根据"人职不匹配"的博弈均衡模型，当公费师范生意识到自己的职业性向与未来职业不匹配时，他们会产生不平衡感，这种紧张情绪会促使他们努力应对和调整——离开或者将"不匹配"合理化为"匹配"，即他们会通过各种途径调整人力资本信息以完成人职匹配的目标。而在由不匹配向匹配转换的过程中，社会支持尤其是教育支持或者培育院校的支持起着很大作用。以往研究曾证实教育在获得人职匹配中的重要作用，即教育发挥着传递信息、克服信息不对称的作用，接受更多的教育与更好的人职匹配成正相关，因此，公费师范生的学校教育和支持可以帮助他们更好、更全面、清晰地认识未来的职业，并及时做出相应调整。

如果公费师范生对自己是否喜欢未来的职业，自己的价值观、职业风格与未来职业是否匹配，目前所学专业对未来职业有何影响等缺乏客观而理性的认识，就容易导致其在校期间学习目标不明、内驱力不强，就业时盲目随意，入职后效能感低甚至离职，违背国家公费师范生培育的初衷，即"为乡镇基层培育留得住、用得上的专业人才，助力乡村振兴"，导致国家资源投入的浪费和个人生涯规划的失败。

未来研究可以从职业性向的概念出发，探索公费师范生的职业性向模型，揭示目前公费师范生职业性向的特点及存在的共性问题，探索公费师范生由"不匹配"向"匹配"转换的职业生涯应对策略和心理保护因子，帮助公费师范生及培育院校更好地了解他们的匹配状况，及时精准干预，有的放矢，减少因不匹配带来的负面后果，避免国家资源的浪费。

第二节　"多边匹配"的研究意义与价值

一、对管理理念的丰富

"多边匹配"旨在从人与环境相互影响的角度出发，探索各种匹配因素对不同职业阶段的员工态度和行为影响的具体作用机制，不仅能丰富匹配因素

对员工、团队、组织影响的研究视角,而且能拓宽人与环境匹配的研究思路,具体分为以下三点:

第一,"多边匹配"涉及针对具体工种的、基于职业信息网络(occupational information network, O*NET)工作分析系统的员工-组织(P-O)匹配、员工-工作(P-J)匹配、员工-团队(P-G)匹配、员工-主管(person-supervisor, P-S)匹配、员工-职业(person-vocation, P-V)匹配等匹配评估工具,从更具体的角度丰富人与环境匹配的测量工具。

第二,"多边匹配"拓展了以往研究单个运用某种匹配、不探讨多种匹配交互作用的评价模式,从多边匹配的角度来探究匹配因素对员工、团队、组织的影响,避免了单一匹配因素对结果变量影响的片面性与局限性结论。

第三,"多边匹配"不但研究匹配因素对员工个人的影响,也探索其对团队和组织的影响,丰富了多边匹配的结果变量。而且从人与环境相互影响的角度探索多边匹配因素对员工职业适应性、员工士气、团队士气、组织效能等影响的内在机制,完善了人与环境匹配的管理理念。

二、对管理实践的指导

基于人与环境互动理论,"多边匹配"不仅进行了理论研究,还进行了实践验证研究。实践验证研究具体采用组织文化理念培训、知识—技能—能力(Knowledge-Skill-Ability, KSA)培训、人际沟通培训、团队合作培训等对员工进行匹配性方面的培训,形成了一套系统的干预方案,实现理论研究成果的实践转化,并提出针对性的建议与对策。这不仅增进了企业人力资源管理人员及企业员工对匹配性的了解,而且在一定程度上对提高员工与组织、工作、团队和上级的匹配性,提高员工的职业适应性和士气,进而提高团队效能和凝聚力,提高企业的核心竞争力具有非常重要的促进作用,也对指导管理实践具有重要的现实意义,具体表现为以下三点:

第一,探究多边匹配因素对员工、团队结果变量的影响,可以为人力资源管理的员工选拔模块及员工培训模块提供科学的理论依据,对扩展选拔和培训的效果有非常重要的参考价值。

第二,基于人与环境互动理论,探索匹配因素对不同阶段员工及团队行为的影响机制,并开发出针对具体工种的基于工作分析的匹配性问卷,切实为管理实践提供理论指导和科学工具。从大的方面来讲,组织与社会的匹配本身会反映企业的社会责任感与良好的企业形象和信誉,在好的企业工作对员工本身就是一种安全感和自豪感上的激励;从企业内部来讲,了解基于工作分析的匹配性差异，不仅能使企业管理者客观公正地看待匹配的结果，对匹配结果带来的一系列现象做出合理科学的解释，从而在招聘和人员安置方面尽量做到人-岗匹配，人-组织匹配，使组织得到长期的发展，而且对企业内部工作人员的激励也有重要的借鉴意义，比如，员工不仅需要高薪，还需要自身能力与岗位匹配，能与周围的同事友好相处，最重要的是工作能够平衡与家庭之间的关系，因此，企业内部良好的员工-岗位匹配，员工-上级匹配，员工-团队匹配，企业外的家庭-工作匹配，都会对员工成长和激励起到非常重要的作用。

第三，对新入职员工进行职前干预，对入职后的员工进行职后干预，将人-组织匹配的理念应用于人力资源管理的每个环节，不仅关注匹配因素对即将入职大学生的影响，而且关注多边匹配因素对已入职员工影响的作用机制，实现人-组织的动态匹配，完成本研究成果理论向实践的转化，为企业人力资源管理者在招聘和人员配置方面提供理论支持和指导意义。

第三节 案例研究与剖析

一、"频繁跳槽的小王"

小王是2018年生物科学专业的毕业生。她出身农村，毕业找工作时没有任何家人和亲戚提供相关意见。大四上学期，看着同学们纷纷找到工作，她心急如焚，也只能在就业网站上一个个投简历，一场一场地跑招聘会。由于她仅仅本科毕业，对她抛出橄榄枝的单位并不多，而她接到的录用通知无非也是"销售""文职"等不需要任何技术含量，与专业不太相关的职业。刚开始她还跃跃欲试，每家都去面试，后来发现这些职位不相上下，也失去了面试的兴趣。

就这样，她在招聘"金九银十"的黄金季没有顺利签约工作单位，只能盼着来年的三月，也就是大四的最后一个学期了。再找不到工作，她就只能"啃老"了，可是作为农村出身的孩子，如果回到家，该如何面对乡亲们异样的眼神，比如"你看，还大学生呢，工作都找不到，真是白上了，还不如早早出去打工呢？"想到这里她就觉得无论如何也要在毕业前，把自己签出去。

三月招聘季开始时，她鼓足劲继续到处投简历，甚至连去年她看不上的单位，也试着投一投。最终，在面试过多次后，她进入了一所她认为还不错的培训机构。这家培训机构，规模不大，主要负责给中小学生进行放学后托管和辅导作业。对于刚毕业的大学生来说，她觉得自己完全可以胜任。因此，刚进入单位，她干劲十足，因为老板许诺多劳多得，但几个月过后，她就有些打退堂鼓了，因为一方面，她是新人，要备课，要照顾学生，要招揽学生，很是辛苦；另一方面，课余期间，他们要长时间磨课、备课。她感觉一天不到两百块钱的酬劳就买走了自己所有的时间和精力。她想，或许这不是她想要的生活。但这样的念头一闪而过，年轻人休息一下，又回到"打鸡血"状态。她就这样反复说服自己，在这家单位待了一年半。一年半后，她几乎熟悉了所有的业务，却也发现，自己如果待在这里，会一眼看到未来。未来，似乎就这样了，于是她选择了离职。

她又开始了投简历、跑招聘会的日子。但这次，她稳重了不少，不再那么匆忙，那么着急。她的目标也发生了变化，不再是仅仅找一家工作把自己"签"出去，而是要找一家平台更高的单位，"海阔凭鱼跃，天高任鸟飞"，可不能再局限于这样十几人的小单位了。

但现实与理想总是存在差距。正因为她学习的是"生物科学"专业，第一份工作又是在培训机构，她并没有为新工作积攒任何经验和储备。

折腾了半年之后，她又按捺不住了。毕竟一年多来积攒的工资收入不足以支撑她再徘徊下去。于是她入职了一家医疗器械单位。这家单位声称自己为"全国知名"厂家进行医疗器械销售，需要一些有生物学知识的人，而且他们有上千人一起工作，如果干得好能薪资过万，这对于刚毕业的大学生来说很有吸引力。"全国知名""生物学"等字眼深深吸引了她，加之经济拮据，她又忘记了自己找工作的初衷。

刚开始半年，她主要尝试记住仪器名、生产厂家、仪器功能等，每天早出晚归，打扮精致，来往于各家医院，累到有时候脚胀得走不动路，大部分时间得到的答复却是"我们不需要"。半年后，她有些失落。看着同事都能签到单子，她又对自己充满了怀疑。这时领导恰到好处地问她"想不想拓展新领域"？后来，她才明白，领导的意思是让她出差，去开辟新领地，对此她也没有信心。但经过一番思想斗争，她还是离开了自己熟悉的城市，去往异地。殊不知，更多挑战在等着她。在新的领地，她尝试突破，甚至违背自己的内心做自己不喜欢做的事情，但坚持了一年后，依旧没有打开市场，她灰心丧气地选择了退出。

一晃，毕业三年了。她一事无成。想想未来，她充满了害怕和迷茫。接下来，应该做什么？考研？考编？继续找工作？还是自己创业？她自己也不知道……

二、案例剖析

从以上案例我们可以看出，小王职业生涯的挫折，主要归结于三点原因：（1）对未来没有明确的规划，随波逐流。（2）对自身认知不清，对职业认知太少。在不清楚自己个性特征与什么职业匹配的情况下，贸然选择，并浅尝辄止。（3）社会支持太少。小王的社会支持系统太薄弱，没有办法获得亲戚、朋友或者老师的指导，全靠自己摸索和尝试，一旦入错职，代价巨大。因此，大学生在入职前进行职业生涯规划和大量的职业调研非常有必要。尤其是入职前的职业测评可以帮助自己对能胜任的职业产生清晰认知，减少走弯路现象的发生。常见的职业测评包括职业性向测评，比如职业兴趣、职业风格、职业价值观、职业知识、职业技能、职业氛围、职业能力测评；职业倾向测评，比如霍兰德职业倾向测评；职业人格测评，比如MBTI、NEO、DISC、大五人格、九型人格、PDP、16PF等。

第四节 结 论

本章讨论了匹配性在企业管理和公费师范生学业适应及入职适应方面的重要性。概括来说，一方面，诸多学生毕业后找不到与其专业相匹配的工作，但迫于生计，只能屈从于自己不擅长或者不喜欢的工作，这对他们的工作效率、对企业效益、对自身的职业发展都带来潜在的不安定因素；另一方面，即便找到了与自身所学专业相匹配的工作，学生在学校中所学的理论知识与现实企业中的实际知识需求也存在很大差距，这也对他们的职业适应提出很大的挑战。这使得大学生在就业方面面临诸多的难题。但是社会各界诸如教育和职业研究领域的工作人员，更多地把研究的视角放在教育体制、政策和产业调整等宏观管理的问题上，对于与求职者职业适应密切相关的社会心理和人格特征等问题却关注较少。总之，中高等教育学生就业问题的影响因素比较复杂，而职业适应中员工与组织、员工与工作的匹配性问题是一个有久远历史，且具有长期现实价值的心理科学问题。如何帮助大学生完成就业，特别是探索其就业适应的社会心理促进机制，对于实现民众与社会的和谐，实现中国梦具有重要的理论和实践意义。

从 P-O 匹配，P-J 匹配，P-G 匹配，P-S 匹配等多边匹配因素出发，探索多边匹配对员工职业发展、士气的影响，并进行职前和职后的干预研究，可以在理论上完善前人的研究，扩充匹配因素在管理界和组织行为界的理论及模型。比如，P-J 匹配应坚持以人为本，它的初衷不是改变所有员工以使他们具有相同的技能去适应工作，而是分别找出他们所具备的知识、技能与能力，然后把那些可发挥他们才干的工作分配给他们，或者根据组织需求及员工的个性特征和能力来调整工作的内容与方式。

第一部分 理论基础

第一章 多边匹配理论及其应用

人与环境（person-environment，P-E）匹配理论的核心观点是，当个体的个性特点与特质与其所处的社会环境等外部环境相契合或者相似时，个体才会有更积极的工作和生活态度，表现出更有创新性的行为和更高的工作效率，比如高的工作满意度、工作绩效、职业健康和低的离职率。与匹配相关的理论主要有人与职业匹配理论、人与组织匹配理论两种。

人与职业匹配理论和人与组织匹配理论都认为人的发展存在个体差异性。但人与职业的匹配强调员工与工作的匹配，而人与组织的匹配强调员工的个性特征是否与组织所持有的价值观相契合。人与职业匹配理论强调的是工作或职业对求职者能力的需求，侧重在招聘和员工配置过程中进行职前匹配；人与组织匹配理论则强调组织文化和价值观对员工的同化作用，强调员工入职后其个性特征与组织文化价值观的整合，注重职后匹配。人与职业匹配理论强调个体对岗位的胜任特征，因此，人与职业匹配的好坏在一定程度上可以预测与员工工作相关的结果变量，如绩效、工作投入、职业倦怠等；而人与组织匹配理论则强调员工的个性特征和价值观与组织文化理念的契合，员工与组织的匹配是一个长期的过程，会对员工的职业发展产生深远的影响，而且可以对团队层面和组织层面的结果变量如团队绩效、团队效能、组织整体效能等产生影响等。

第一节　人与职业匹配理论

一、帕森斯的人与职业匹配理论

人与职业匹配理论最早由帕森斯（Parsons）于1909年提出，后来由爱德华等人得以发展。帕森斯认为，人与职业的匹配是个体在进行职业选择时必须考察而且应是首要考察的内容，他承认个体差异性的存在，认为每个个体都有其独特性，包括独特的人格特质和行为模式，因此，对每个个体来说，应该有不同模式的工作和职业类型。该理论承认个体差异的普遍存在性，认为每个求职者都会寻找与其自身特质和行为模式相契合的职业。而对于职业本身来说，由于其所涉及的知识、技能、能力，以及工作的时间特点（自由、严谨）、工作的要求、工作的环境（室内、室外、是否恶劣）不同，也会对求职者产生不同的要求。

人与职业匹配的理论验证了克里斯托夫（Kristof）提出的"需求-供给"匹配和"要求-能力"匹配，但在一定程度上过分强调人与工作匹配的重要性，而忽视了人与组织匹配或者人与团队匹配及人与领导等其他匹配对员工寻求工作的重要影响。

二、霍兰德的人与职业匹配理论

美国职业指导专家霍兰德（Holland）在1959年提出了人与职业匹配理论（personality-vocation fit theory）。他的人与职业匹配理论与帕森斯的人与职业匹配理论有异曲同工之处。他也认识到个体之间存在差异，而且不同的职业对人的要求也不一样。因此，人们更愿意去寻求与自身人格特质相契合的工作。这样从事同样职业的人群就会变得越来越同质，于是他们在人际关系方面也有了更少的摩擦，在面对问题时观点和反应会接近一致。霍兰德承认个体存在差异，认为具有不同人格特征的人适合从事不同类型的职业。他指出，人格（包括个体的价值观、动机、需要等）是决定一个人选择何种职业的重要因素，并提出了著名的职业性向理论，指出了影响个体职业选择的六种基本"人格性向"，即实际性向、调研性向、社会性向、常规性向、企业性向和艺术性向。

霍兰德认为，每个人不是只有一种职业性向，而可能是几种职业性向的混合，这种性向越相似，个体在职业选择时面临的内在冲突就越少。

霍兰德的人与职业匹配理论非常重视人格对员工寻求工作的重要性，认为只有员工的个性特征与其所从事的工作非常契合，他才会有较高的匹配性感知，才会产生积极的工作态度和行为，才会有更好的职业发展。

第二节　人与组织匹配理论

人与组织匹配的理论源自勒温的场理论、班杜拉（Bandura）的"环境-个体-行为"三元交互作用论、"个体-情境"双边互动理论、社会交换理论、布朗芬布伦纳的生态系统理论、组织学习理论等。下面依次来介绍这些理论。

一、勒温的场理论

勒温于1927年提出了心理的场动力理论。他认为，每个个体都有一个场（field），个体的心理和行为都是在这种心理场或空间里发生的。个体的行为（behavior）取决于他自身（person）与其所处环境（environment）的相互作用，公式为 $B = f(P \times E) = f(L \times S)$。这种场理论将主体与客体融为一体，表现出格式塔的性质，即如果场中某一个部分发生变化，就会引起其他地方的变化。现代理论中关于人与组织、人与环境匹配的理论认为，员工与环境之间的匹配和契合会积极地影响到员工的态度和行为，因此，要想关注员工的行为，首先要关注员工与环境之间的适应性，这种理论正是源于此。

二、班杜拉的"环境-个体-行为"三元交互作用论（图1-1）

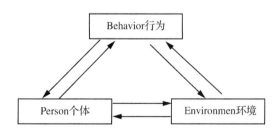

图1-1　班杜拉的"环境-个体-行为"三元交互作用论

心理学家班杜拉在勒温场理论研究的基础上，吸收了行为主义、人本主义和认知心理学的优点，于20世纪60年代晚期提出了"环境-个体-行为"三元交互作用论。该理论认为，人的心理和行为与其个性特征及所处的环境相互影响，相互作用。这也是人与环境匹配理论的依据之一，正是由于这个原因员工与组织的匹配程度、员工与工作的匹配程度等各种因素才会对员工的态度和行为产生非常大的影响，因此，管理人员必须重视人与环境的匹配。

班杜拉提出了环境、个体和行为三者的作用模式，他认为：（1）环境是决定个体行为的潜在因素，只有当人与环境相互结合，且人能够采取行动时，环境的作用才会发挥到最大；（2）人与环境的交互决定其行为；（3）人、环境、行为三者是交互作用、相互决定的。班杜拉提出的这些作用模式肯定了环境对员工的作用，强调了人与环境的匹配对员工行为影响的决定作用，指出了环境、个体、行为三者的交互性，不能片面地谈论其中两者或者某一个对员工行为的影响。

班杜拉的交互决定论对行为主义者的环境决定论进行了批判，批判了他们只重视环境对行为的影响，忽视了员工自身的能动性，以及员工与环境间的交互对员工行为影响的决定性作用；同时，他又批判了人本主义的个体决定论，认为他们过分强调个体能动性，忽视了环境的作用。

三、"个体-情境"双边互动理论

人与环境的匹配理论可追溯到人与情境的双边互动理论。这种双边互动论最早源于霍兰德的"人-职匹配理论"及施耐德的"吸引-选拔-磨合"模型。其中霍兰德的人-职匹配理论认为，个体的人格与其选择和从事的职业是相互适应的。个体的职业选择是其人格在工作中的表露和延伸，即人们在对工作进行选择及工作活动过程中，在经验表达和分享中发展和表现出其个人的兴趣和价值。他还认为，个体的人格类型、兴趣与职业发展密切相关，兴趣可以提高人们的工作积极性，是员工职业发展和成就的巨大动力。这正是人与环境匹配维度中，员工与工作匹配的理论基础，只有员工与其从事的工作相契合，员工才会有足够的兴趣和动力去维持工作激情，提高工作效率，才愿意留在组织中，对员工和组织的长期发展发挥作用。而施耐德的"吸引-选拔-磨合"模型认为，求职者更容易选择那些与他有相似价值观和目标的组织。这样组织内的员工经过与组织及其他成员的磨合，如果实现了较高的匹配，就成为组织的正式员工；如果匹配水平低，则会选择离开。这样周而复始，组织内的员工具有了高度的一致性，进而形成更具特殊性的组织氛围，这样的组织氛围又会进一步影响到员工的心理与行为。施耐德的"吸引-选拔-磨合"模型从更动态、互动程度更高的角度阐释了人与组织的匹配过程。

四、社会交换理论

人与组织匹配的另一个理论基础是社会交换理论,该理论强调心理因素在个体行为表现中的重要影响,认为人的社会行为活动和社会关系的本质是人与人之间的交换。该理论由霍曼斯(Homans)提出,后来由其行为主义交换理论(Behavioristic Exchange Theory)发展到布劳(Blau)的辩证交换理论(Dialectical Exchange Theory)和埃莫森(Emerson)的网络交换理论(Exchange Network Theory)。

布劳认为,社会交换是维护个体间关系与群体间关系,解决人际间冲突与合作、群体成员间相互关系的基础。个体之所以相互交往,是因为他们都从这种交往中通过交换得到了某些需要的东西。

员工个体与团队成员乃至领导之间的交换包括环境和知识的共享、心理上的支持及归属感的获得等,如果交换得好,可以提高他们之间的匹配性,进而为提高工作效率打好基础。员工与组织的交换包括员工为组织贡献自己的知识、技能和能力,组织为员工提供良好的工作福利、社会地位、归属感和安全感等。如果两者都得到了满足,那么员工就会进一步产生良好的组织公民行为、组织建言、创新的工作方式与方法、高的组织承诺与组织忠诚等,而组织管理者也会为这些表现好的员工提供学习和晋升的机会(杨英,2011)。因此,员工与组织间的匹配程度越高,员工与组织的一致性程度或者互补性程度越高,组织越能够给员工提供其所需的资源和支持,员工也能更好地回馈组织,从而增强组织效能和组织核心竞争力。

五、布朗芬布伦纳的生态系统理论

美国著名发展心理学家布朗芬布伦纳于1979年提出了个体发展的生态系统理论,该理论也成了人与环境匹配的理论之一。生态系统理论强调环境对人心理和行为发展的影响。认为人与环境的互动是影响个体发展的重要和关键因素。个体能根据自身特点来选择环境中对自己发展有益的因素,去其糟粕,取其精华。在个体与环境的互动中,个体会自动根据环境进行调试,以便更好地适应环境,获得与环境的匹配。他将个体发展放在五个环境系统中进行考察,这五个环境系统分别是:微系统(micro system)、中系统(meso system)、外系统(exo system)、宏系统(macro system)和时间系统(chorono system）。人与环境的匹配对个体行为的影响正是强调个体的个性因素与环境因素的交互对员工行为及发展的影响。

六、组织学习理论

组织学习理论认为，学习是组织和个体发展必不可缺的一部分，在全球化过程中，多元文化的发展是不可避免的。文化对于组织中的每一个个体来说，都非常重要。个体通过对组织文化的学习，可以对世界观的多样性有更好的理解和认知，也可以丰富他们看待问题的方式，拓宽他们的价值观系统。在遇见问题时，能多方面考虑利弊得失，而不是仅仅做出对与错的判断。对组织来说，组织的学习主要通过组织内个体的学习来实现。个体经过学习，思维得以拓宽，人与人之间知识分享增多，磨合减少，形成更舒适和相互鼓励的学习氛围，这样的氛围有助于进一步推动个体的学习行为。因此，文化学习是组织的软环境，是企业的竞争优势，对促进组织发展具有强有力的推动作用。

对于人与环境的匹配来说，最重要的因素就是人与组织的匹配，即员工的价值观、信念与组织文化的契合程度。对于组织中已入职的员工来说，努力学习和吸收所在组织的文化，减小自身价值观与组织文化之间的差距，对于他们能较好地处理和应对变化的组织环境来说非常重要。组织文化也要随着员工的学习和进步适时适当地做出调整，以达到与员工的良好匹配，利于企业在激烈的竞争环境中脱颖而出并得以不断发展。

第三节　与多边匹配相关的概念

人与环境匹配是组织行为学、管理学和心理学中研究的热点，人与环境匹配的理论认为，只有当人与所处的环境特点相一致时，才会激发出其积极的行为。

但关于匹配的定义，诸多研究者众说纷纭。具体到每一种匹配，不同研究者给出的内容和结论都不尽相同。比如对于员工与组织的匹配来说，有研究认为要强调人与组织价值观的匹配，但另有研究者认为，员工与组织的匹配必须包括员工与组织目标和价值观的一致性及员工个性与组织特性的契合；对于员工与工作的匹配来说，有研究者认为要坚持一致性理论，即员工的个性特征，所掌握的知识、技能和能力与工作所需一致，有些研究者坚持一致性和互补性理论均要考察，即不仅要考察员工与工作在知识、技能和能力上的一致性，还要考察工作能否带来员工所需的东西，比如工作提供的薪资、福利、晋升、学习机会等能否满足员工需求。总之，基于不同的研究目的，研究者给出的概念都不同。但归结起来，他们的观点也只有三种来源。一是穆钦斯基等人于1987年提出的一致性和互补性匹配理论，二是爱德华提出的"需要-提供"和"要求-能力"匹配理论，三是克里斯托夫提出的人与环境匹配的整合模型。

后来又有研究者将克里斯托夫的整合模型进行了细化，认为员工与组织的一致性匹配包括员工的信念、价值观与组织的文化、价值观、规范等相一致，互补性匹配涉及诸多内容，例如员工的需求与组织能为员工提供的资源之间的匹配，包括员工对物理环境、经济、心理支持等资源的需求，和任务相关的培训等其他工作和晋升机会的培训，以及员工能为组织提供的资源与组织所需之间的匹配，包括员工的经验，为工作付出的努力与时间，对组织的认同，与工作相关的知识、技能和能力等，如果两者能达成平衡状态，则员工与组织匹配较好。具体如图1-2所示：

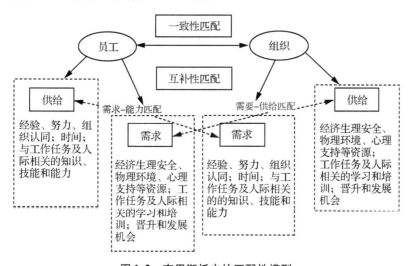

图1-2　克里斯托夫的匹配性模型

作者认可克里斯托夫的这种互补性和一致性交互的观点，并根据以往的文献综述，总结了基于此理论的组织内外各种匹配性因素及其概念。人与环境匹配的维度非常多，本研究对其进行了归纳整理，将组织内外的各种匹配性因素及其之间的关系整理如图1-3所示，其中组织外的匹配性因素包括O-S匹配、F-J匹配、P-V匹配，其中，O-S匹配即组织（organization）与社会（sociery）的匹配，F-J匹配即员工家庭（farnily）与工作（job）的匹配，P-V

匹配即员工（personality）与职业（vocation）的匹配；组织内的匹配性因素包括 P-O 匹配、P-J 匹配、P-G 匹配、P-S 匹配及细化的 S-G 匹配 P-S 匹配指人（person）与主管（supervisor）的匹配，S-G 匹配指领导（superviser）与团队（group）的匹配。以往研究认为，在这些匹配性因素中 P-J 匹配和 P-O 匹配对员工来说是最重要的。其中 P-J 匹配多涉及的是员工在完成工作任务和取得较好的工作表现等方面所需具备的知识、技能和能力等是否与工作所需相契合，而 P-O 匹配以组织文化为依托，从员工所持的信念和价值观与组织文化、组织价值观、组织规范等相契合的角度，考察员工与组织的契合。而其他匹配因素，诸如 P-G 匹配、P-S 匹配、P-V 匹配、O-S 匹配、F-J 匹配等被看作是员工与环境匹配因素的补充，相关研究比较少。

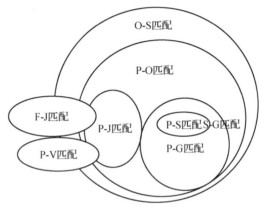

图 1-3　组织内外的匹配性因素及其关系图

组织内外各种匹配性因素的概念整理如表 1-1 所示。

表 1-1　组织内外各种匹配性因素的概念整理表

匹配性因素	概念
P-O 匹配	指组织的文化理念与员工个体所持的价值观相互兼容。
P-J 匹配	指员工所具备的知识、技能和能力与工作岗位的要求相一致。
P-G 匹配	指个体与所处工作团队中其他成员所持人际观的一致性。
P-S 匹配	指上级与其直接下属在人格的各个维度、价值观、目标上具有的相似性。
O-S 匹配	指企业战略、目标、宗旨与所在的大社会环境相契合。
P-V 匹配	指员工的兴趣、能力与职业所需的个性特征之间的一致性。
F-J 匹配	指工作要求和家庭资源及家庭需求和工作回报之间的平衡性。
S-G 匹配	指领导与其团队在性格、态度、认知、行为等方面的一致性或相容性程度。

第四节 多边匹配的测量

多边匹配的测量方式主要有直接测量和间接测量两种。国内学者唐源鸿、卢谢峰、李珂等以 P-O 匹配的测量为例进行了总结，指出了测量方法的特点和具体的操作方式，并举例进行说明。下文将依次总结直接测量与间接测量的方式与优缺点。

一、直接测量

匹配的直接测量法是指研究者以直截了当的方式询问某类报告者自身所感知到的个体与组织、个体与团队、个体与工作或个体与领导等方面的匹配状况，主观匹配测量法并没有包含对个体或环境具体特征的精确测量（只是测量报告者感知到的大概、模糊的感觉）。比如：个体所在组织的价值观与自身的价值观很相似，个体所掌握的技能与工作所需的技能相契合等。这种测量方法简单明了，操作简单，但主观性强，易产生感知偏差，尤其是当测量对象对组织不太了解时，容易造成较大的测量误差。另外，当直接测量的匹配性问卷与其他相关的工作态度和行为问卷放在一起测量时，如果问卷的表面效度较高，那么被试的一致性偏见可能会潜在地影响到测量结果。

尽管匹配的直接测量法存在诸多的缺点，但鉴于其可行性强，研究者依旧对其非常钟爱。比如施耐德、克里斯托夫、霍夫曼等人都用自己的方式证实了直接测量的有效性。

二、间接测量

匹配性的间接测量法又分为个体层次的间接测量和交叉层次的间接测量。个体层次的间接测量，即个体对感知到的组织和工作等目前的现实状况与个体自身对组织和工作的期望状况两个方面进行测量，然后根据报告者感知到的情况，对这两个方面进行 1 分到 5 分的打分，并计算两者得分差异的绝对值，绝对值越大，说明匹配得越不好，绝对值越小，说明匹配得越好。测量 P-J"我"的工作能带给"我"快乐（工作现实）和"我"希望"我"的工作能够带给"我"快乐（个人期望）。交叉层次的测量法，即客观匹配的测量法，采用员工与其他人力资源管理人员或企业高管得分配对的方式来对员工期望和组织的实际情况进行打分，并计算两者的差异或相关程度。比如，测量P-J匹配的项目："我"希望"我"的工作时间能够更具有弹性（员工期望），该工作的工作时间非常弹性（企业高管评定）。交叉层次的间接测量方法在操作上非常复杂，需要配对数据，而且很容易受到员工主观性、企业高管主观性、对受评项目了解程度的影响，如果企业高管对所评定的项目不太了解，那么会造成数据的效度较低。整体来说，间接测量存在主观性强、易产生偏差的缺陷。

另外，关于间接测量的差异分数计算，目前也有几种方法。具体有代数差法（$X-Y$）、差的绝对值法（$|X-Y|$）、差的平方法（$X-Y$）^{2}。这些方法可反映匹配的整体特征，比如匹配好或者匹配不好，但无法区分员工期望是超过组织现实还是低于组织现实，因此，很难判断这些具体匹配状况对结果变量的影响，除此之外，这样的测量方式还存在容易丢失信息、对差异性来源不敏感、无法反映单个变量的贡献率等缺点。因此，目前已经出现了新的匹配计算方式，比如用多项式回归（polynomial regression）产生一个三维反应面来代表P和E的整合关系对结果变量的影响，这种方式形成的结果更直观，因此，逐渐成为匹配性差异分数测量的新趋势（马红宇，申传刚，杨璟，等，2014）。但是这种方式的计算方法和操作流程非常复杂，需要专门的研究人员掌握足够的统计知识和统计方法，学习起来不太容易，这也是该方式至今没有推广起来的原因之一。

综上所述，本研究为操作简单起见，关于多边匹配的研究主要采用第一种方法即直接测量法，对于P-O匹配、P-J匹配的感知测量采用的是间接的交叉层次测量法，用个体评分与效标之间的绝对值差作为匹配的分数。

第五节　与多边匹配相关的应用研究

将前人对多边匹配的应用研究进行归纳整理，可以发现多边匹配的应用研究主要表现为多边匹配对员工组织行为的影响，比如多边匹配对员工行为、员工态度的影响等，以及多边匹配对企业人力资源管理实践的影响，常应用于招聘环节和培训环节。

一、组织行为方面

多边匹配在组织行为方面的应用研究主要分为两种，一种是将多边匹配作为结果变量进行研究，另一种是将多边匹配作为前因变量进行研究。关于前者的研究非常少，后者居多。将多边匹配作为结果变量的研究仅在国内研究者范巍（2012）的研究中有涉及，范巍提出工作的性质（长期和短期）及工作类型（管理职位和专业职位）会对多边匹配有独立的主效应，并用策略捕捉技术进行了验证。本研究将多边匹配作为前因变量进行研究，经归纳整理后发现多边匹配作为前因变量的研究多集中对人与组织匹配尤其是人与组织价值观匹配的研究，另外对 P-J 匹配、P-G 匹配对员工工作态度及行为影响的研究也比较多，具体表现在三个方面：（1）多边匹配对员工行为的影响；（2）多边匹配对员工态度的影响；（3）多边匹配对员工态度和行为影响中的中介或调节因素。

（一）多边匹配对员工行为的影响

人与环境匹配的研究均表明，员工与组织、员工与工作等匹配程度越高，其工作行为越好，绩效越高，匹配程度可以对员工行为（绩效、组织公民行为、创新行为、离职行为、角色内行为、出勤率）做出预测。也就是说，员工与环境是否匹配会直接影响到员工的行为和组织的绩效。

（二）多边匹配对员工态度的影响

人与环境的匹配尤其是人与组织的匹配会对员工的工作态度（组织忠诚度、压力、动机、满意度）有较为准确的预测作用，这已经得到了诸多研究者的证实。

（三）多边匹配对员工态度和行为影响中的中介或调节因素

多边匹配对结果变量影响的中间变量也是研究者关注的热点，大部分研究表明 P-J 匹配、P-O 匹配对员工工作态度的显著预测效果会受某些变量的影响。关于多边匹配对结果变量影响中的调节和中介变量大概有以下几种：

（1）员工个体的认知因素，比如内部整合在 P-O 匹配和 P-J 匹配对员工组织承诺的影响中起中介作用。

（2）多边匹配本身，比如匹配的测量方法是直接的还是间接的，量表是泛化的还是具体的，匹配的不同维度等。具体研究如下：P-G 匹配与 P-O 匹配对组织公民行为、员工角色内行为、员工满意度有显著的正性影响，而且还会受到 P-V 匹配的调节；P-V 匹配通过 P-O 匹配与 P-J 匹配对员工满意度、组织承诺、离职行为和组织公民行为等产生影响（曹云飞等，2012）；P-V 匹配与 P-O 匹配对组织公民行为、员工角色内行为、员工满意度有显著的正性影响，而且会受到 P-G 匹配的调节；P-O 匹配通过 P-J 匹配对员工满意度产生积极效应，其中领导-成员关系（leader-member exchange，LMX）起调节作用。

（3）交互性因素，比如 LMX 关系和授权。研究表明，在 P-J 匹配、P-O 匹配对员工满意度的影响中，LMX 起调节作用；P-O 匹配通过授权对员工创新行为产生积极影响（杨英，李伟，2012）；授权在 P-O 匹配对员工绩效的影响中起中介作用。

（4）态度变量，比如组织承诺、满意度。研究表明，组织承诺在 P-O 匹配对员工组织公民行为的影响中起中介作用；当员工有较高的满意度的时候，其离职倾向会降低（王忠，张琳，2010）。

二、人力资源管理实践

对前人研究进行归纳总结发现，P-E 匹配，尤其是 P-O 匹配、P-J 匹配、P-G 匹配和 P-S 匹配在员工招聘和培训过程中起着非常重要的作用，因此，关注 P-E 匹配不仅有利于员工表现出更积极的态度和行为，而且有利于员工调整心理状态，为组织的未来发展提出建设性的意见和建议。

首先，在制订人员招聘计划时，企业人力资源管理人员会对空缺岗位进行详细的分析，以了解该职位对应聘者的任职资格和胜任特征模型，比如求职者的性别，应具备的学历、知识、技能、能力、工作经验、个性特征等。招聘人员会根据分析的结果，结合企业自身的组织文化理念和价值观、组织的发展战略与愿景、企业高管用人的方针政策等，运用笔试和面试相结合的方式，包括一系列的心理测试（人格特征测试、性格测试、能力倾向测试等）来评价应聘者与企业及工作的匹配程度，以便能够招聘到与组织和工作匹配程度最高的员工，节约招聘方面的人力、物力和财力开支，提高企业的核心竞争力。

其次，在已入职的新老员工培训过程中，除了针对员工本职工作的知识、技能和能力方面进行专门的培训，比如开展知识经验交流会，以老带新等之外，还要为员工介绍企业的文化理念、政策方针、战略愿景、企业价值观及未来发展方向等，这样一方面能提高员工完成本职工作的能力，提高员工与企业的匹配度，另一方面也可以加强员工对组织的认同感和忠诚度，增强组织的凝聚力，确保团队的稳定性。另外，对员工进行团队合作培训、人际沟通培训，经常进行员工内部的交流会不仅可以增进员工之间的情感，而且能够增强员工的归属感和安全感，提高其与团队和领导的匹配程度，改善团队效能，提高团队凝聚力。

总之，对员工来说，对自己与所从事的职业、所生活的组织进行匹配度评价对自身职业生涯规划与发展有非常重要的意义。当员工在其所具备的知识、技能、能力与所从事的工作相匹配但不认同所在企业的文化时，他就会考虑到别的企业寻找类似的工作；当员工与从事的工作匹配较差却认同本企业的组织文化理念与价值观时，则会考虑在企业内部调换工作。因此，员工与组织的多边匹配从不同的角度给企业的人力资源管理者进行招聘和培训提供了指导性的建议。对于企业来说，在招聘和培训过程中时刻注重匹配程度的评价可以为企业选拔到合适的人才，对人员进行合理配置，留住好的员工，这些都对保持和提高企业的核心竞争力有非常重要的作用。

第二章
多边匹配与职业性向的关系

第一节 多边匹配与员工职业适应性

职业适应性指个体能顺应职业环境的变化，解决自身职业发展中所面对的问题时必须具备的一系列能力，是衡量一个人职业发展最重要的指标，是影响个体家庭生活与社会生活是否幸福的基础，也可以影响到企业的经营绩效与发展前景（王益富，2014）。因此，探索员工的职业适应性，尤其是探索新入职员工的职业适应性，对正确合理地了解员工现状，发现员工职业发展中存在的问题有非常重要的作用，而且员工职业适应是否良好会直接影响到其离职倾向的大小，进而影响到组织的整体运行效能和生产效率，因此，考察职业适应性的影响因素尤其是人与环境的匹配因素显得尤为重要。

对员工来说，企业内清晰明了的职业发展路径可以降低员工的职业焦虑和流失率。良好的职业发展计划对企业能否顺利完成企业目标和员工能否顺利完成个人目标来说都非常重要。因此，在员工入职前进行匹配性培训对员工职业发展有较大的影响，而且可以为企业带来高的收益。在员工入职后进行匹配性培训可以帮助企业有效留住员工，并为企业创造更多的价值。因此，探索多边匹配对员工职业适应性的影响在理论和实践方面都有非常重要的意义。

第二节 多边匹配与员工士气

一、员工士气

归纳以往的研究，本研究认为，士气是个体的一种激昂的精神状态，能够激发个体内在的干劲和潜能。表现在组织中，员工的士气往往与员工积极的、饱满的情绪状态有关，这种情绪状态可以直接影响到员工个体对工作的投入程度、对组织的满意程度及认同程度，进而影响到周围团队中的人，形成良好的工作氛围，产生良好的团队效能和组织效能。由此可见，士气对于组织来说非常重要，是影响企业生产力和竞争力的核心要素，是决定企业在激烈的竞争中能否取胜的重要因素。已有研究表明，影响员工士气的因素主要有几种：（1）组织方面，如企业文化、激励机制等；（2）工作特征，如工作负荷、晋升机会等；（3）人际关系，如良好的沟通、人际氛围、领导的行为活动、对领导的满意度等。归结起来，影响员工士气的重要因素无外乎员工单方面对企业、工作和人际关系的感知，因此，从员工与组织交互的角度探索 P-O 匹配、P-J 匹配、P-G 匹配及 P-S 匹配对员工士气影响的具体作用机制，具有非常重要的理论和现实意义。理论方面可以从人与组织交互性角度丰富影响员工士气的前因变量，实践方面能够为企业的管理者激发和提高员工士气提供很好的理论指导。

另外，根据前人对于士气内容的界定，笔者总结了一个表格，认为士气大概包括需求满意、组织承诺、组织认同、工作投入、团队精神、专业精神、目标意识、牺牲精神等方面的内容（表 2-1）。本研究根据自身的研究目的和实际情况，将员工满意度、组织认同和工作投入作为员工士气的三个要素，将团队效能和团队凝聚力作为团队士气的两个要素。

表 2-1 士气结构归类表

项目	需求满意	组织承诺	组织认同	工作投入	团队精神	专业精神	目标意识	牺牲精神
使用次数	6	28	22	25	24	3	9	1

工作对个人自身需求的满足程度和员工对组织的满意度是决定员工士气高低的关键因素，员工在企业中不是孤立的存在，会受到团队成员的相互影响。因此，企业要想提高员工的士气，应将团队目标和个人目标有效地结合起来，将提高员工士气和团队士气结合起来，让员工参与拟订工作计划与目

标设定，并通过相应的、独特的组织文化和价值观理念培训、人际沟通培训、团队合作培训及压力管理和情绪疏导培训等，来提高员工与组织的契合度，加强员工与团队之间的合作，进而增进员工在组织的归属感和安全感，只有这样才可能激励员工保持高昂的工作士气。这与学术界大部分学者一致认为的人与组织匹配能对个体的工作态度及行为产生积极的意义是相契合的。根据社会交换理论，与组织匹配较好的员工，会意识到组织带给他很多的资源和情感上的满足，然后以积极的行为回馈组织（角色内行为、组织公民行为等），这些积极行为会提高员工的工作积极性，增强其组织认同感，进而影响到团队的效能和凝聚力。

因此，在具体企业中探究人与环境匹配的不同维度（P-O 的价值观匹配、P-J 的 KSA 匹配、P-G 匹配、P-S 匹配、P-V 匹配等）对员工士气、团队士气的影响机制具有非常重要的意义。

二、多边匹配与员工士气

人是组织最重要的组成部分，是企业的核心竞争力，要想使人力资源发挥其最大效力，人必须被分配到最适合其发展的组织中和特定的岗位上。

近年来，员工与环境的匹配是研究者和管理人员都非常感兴趣的领域，他们主要关心人与其所在组织兼容性的先行变量和结果变量。关于员工与环境匹配对结果变量影响的研究已经表明，员工与环境的匹配与个人的重要的结果变量诸如工作表现、工作满意、组织认同间存在显著相关。

正是因为员工与环境的匹配和个体结果变量之间的关系非常密切，所以对组织管理实践方面的人员选拔有重要的参考和预测效应，在招募过程中它不仅强调员工与岗位所需的 KSA 的匹配，而且考察员工所持的价值观与组织氛围是否契合，使得员工的选拔更加全面和灵活。但是关于员工与团队匹配和员工与领导匹配对结果变量的研究并不是很多。因此，本书将员工与环境的多边匹配对员工士气影响的研究加以整理。

第三节　多边匹配与组织认同

组织认同指组织内员工对组织的认可程度及愿意卷入组织的程度，也表示员工对组织愿景、组织目标的接纳程度，并愿意留在组织中为了达成这些目标而努力。员工与环境的匹配和组织认同的研究表明,员工与组织的匹配(P-O 匹配)及员工与工作的匹配(P-J 匹配)对员工的组织认同具有积极的显著影响。员工与组织价值观匹配(P-O 匹配),会进一步创造出使得员工感觉舒适的组织价值观,进而增强员工对组织的认同。当产品传达给顾客或消费者的品牌价值观能真实地反映组织的价值观时,员工会感知到两者的一致性,进而更愿意把这种价值观传递给顾客。员工与组织价值观的高度匹配(P-O 匹配),意味着员工会有更高的组织认同感,更愿意为组织做除本职工作以外的其他事情。这样就会使得顾客对品牌价值观的认识趋近于员工的认知水平,从而加强顾客对产品的认同和定位。哈里斯(Harris)等(2001)从更细致的角度考察了 P-O 匹配与品牌行为之间的关系,并得出结论,员工与所在组织的价值观越一致,其对组织越忠诚,越表现出更多更好的组织公民行为。

因此,对员工进行与组织文化相关的培训,可以更好地让员工了解自身所在的组织价值观,更好地调整自身以提高与所在组织的匹配度。了解员工对组织文化的期望与组织文化现状之间的差异,是开发出更合适的员工培训计划、减小员工与组织价值观之间的差异、提高两者的匹配度的重要前提,也是提高员工对组织认同的重要方法之一。

第四节　多边匹配与员工满意度

员工满意度指员工对其所从事的工作及所在组织的满意程度。员工的满意度会受到很多因素的影响,比如组织的政策、行政事务、上级领导、工资、生活质量等。当然有研究者认为员工满意与否更取决于员工对组织的期待和员工实际从组织或工作中得到的东西之间的落差。

P-O 匹配对员工满意度有非常显著的影响。很多研究已经证实,员工满意度会极大地受到员工对 P-J 匹配感知(与工作目标和工作任务的匹配)的影响。研究还表明 P-O 匹配与 P-J 匹配在对满意度影响中也存在相互影响,因为两者都对员工满意度具有非常强烈的影响。然而,如果对工作所取得的报酬和奖励加以控制,员工与工作价值观的匹配将会间接影响员工的工作满意度。即与工作价值观匹配较好的员工将会感觉到更高水平的工作满意度,因此,不仅是工作的特点(工作环境、工作时间、工作辛苦程度)会影响到员工的满意度,员工对与工作的匹配性感知也会对其满意度产生重要影响。

员工的胜任特征与员工和工作的匹配是员工满意度的本质。那些与员工能力不匹配的工作任务容易导致员工的不满意情绪。员工对工作和组织的满意会进而影响到员工的工作表现。如果员工所具备的能力与其工作责任所要求的能力相一致,那么员工会表现出满意的情绪,进而会有更好的工作表现,取得更好的工作结果。因此,人力资源管理人员必须意识到这一点,在进行工作分析和招聘时务必考虑到工作对员工能力的需求。

因此,研究 P-O 匹配及 P-J 匹配对员工和组织来说都非常重要。尽管出于竞争的需求,员工的工作方式、工作地点和工作态度会面临不断的变化,员工与组织的匹配始终是决定员工满意度和工作表现的重要因素(Farooquia, S., & Asha N., 2014)。

第五节 多边匹配与员工工作投入

工作投入是指员工对工作的高水平卷入。已有研究对 P-J 匹配对员工满意度和工作投入的影响进行了实证研究,并强调了 P-J 匹配对两者影响的重要性。另有研究表明,员工对自身能力与工作任务和职责的匹配性感知是决定员工工作表现的重要因素。P-J 匹配较好的员工,会有更好的工作产出。沃尔(Warr)等(2012)调研 12 个组织后发现,与工作相关的 33 项工作特征能够预测员工的满意度和工作投入。而随后的研究也证实了这样的结论(Edwards, et al, 2006)。

第六节 多边匹配与团队士气

团队工作需要每一个团队成员的共同努力,只有团队中每一个成员对团队满意,共享团队目标,为了团队目标而努力,将团队利益置于个体利益之上,并能在团队中找到自己的认同点,这样的团队才会有较高的凝聚力和较好的团队效能。克里斯托夫等(2014)分别用员工个体感知和团队-个体交叉匹配测量的方法来考察员工与团队的匹配对团队凝聚力、团队效能和团队表现的影响,结果表明,团队凝聚力在 P-G 匹配对团队表现的影响中起部分中介作用（Kristof-Brown，et al, 2014）。泽伊内普（Zeynep）等（2014）的研究也表明，团队凝聚力、团队规范及团体内人与人的沟通交流对团队成员的满意和留在团队的意愿有非常重要的预测效应。

因此，团队内团队成员之间沟通是否良好，个体所持的价值观与团队价值观是否契合，个人是否愿意遵循团队的规范等均会影响到员工对其与团队的匹配性感知，进而影响到对团队的满意度、团队效能和凝聚力。

第七节 结 论

一、多边匹配研究工具方面的不足

前人研究大多采用宽泛的研究工具来对各种匹配性因素进行测量，比如测量 P-O 匹配的项目"我和组织的价值观一致"，再比如测量 P-J 匹配的项目"我所掌握的技能与工作所需的技能相匹配"，这样的测量项目只能从泛化的角度大概估计人与环境的匹配，而且很容易受到员工感知偏差的影响，并不能从更契合组织本身的角度测量员工与组织真实的吻合程度。因此，在适当的情况下，开发出能切实与特定组织、特定工作契合的匹配问卷更有利于对人与组织的匹配进行考量。比如针对 P-O 匹配，研究者可以根据某组织自身的特点，对组织本身的文化、价值观、目标、组织规范和标准等方面进行系统且细致的考察与研究，开发出适合特定组织的、科学的 P-O 匹配问卷，这样在员工招聘和培训过程中，可以对员工相关的价值观、信念等特征进行测量，找出两者的差距，为选拔和培训提供科学的依据。本研究在对新入职员工匹配的测量上，试图基于 O∗NET 工作分析系统，开发出适合具体组织的 P-O 匹配和 P-J 匹配问卷，以期更好地考察其与结果变量的关系。

二、多边匹配应用研究的不足

人与组织匹配作为前因变量对结果变量的影响，大多证实了一个结论，即人与组织的匹配程度会正面影响个体的结果变量，比如与组织匹配较好的员工会有更高的组织承诺、更高的工作满意度、更高的工作绩效及更多的组织公民行为和创新行为等。但这些研究都是横向的静态研究。比如在员工在职的某一时刻探索他们的 P-O 匹配或者 P-V 匹配或者 P-J 匹配，对各种职业或工种的员工（会计、煤矿工人、教师、医护人员或者研发人员）的行为（组织公民行为、创新行为、绩效、角色内行为、工作表现）或态度（职业承诺、组织认同、满意度、幸福感、工作分析结果评价等）（时勘，王元元，2015）的影响，这些研究几乎得出了同样的结论，即匹配因素对结果变量具有积极效应。尽管如此，关于匹配性的研究仍存在很多不足。首先，研究大多选取其中某一或某几个匹配因素对结果变量的影响，很少有研究探讨多个匹配因素之间的关系，进而对结果变量进行整合研究；第二，研究多采用横断数据，缺乏纵向研究对结论的支持；第三，研究的结果变量大多停留在个体层面，比如个体态度与行为，缺乏对团队和组织层面的研究；第四，研究得出的结论尚未达成统一，存在一定争议，甚至有相悖的观点；最后，对匹配性因素的研究大多为量化研究，停留在理论层面，缺乏质性研究及干预研究。具体阐述如下。

1. 整合研究较少

勒温的场理论、班杜拉的三元交互作用论、施耐德的选拔-磨合-吸引理论认为人的行为是在环境与个体的交互作用下产生的。因此，多种匹配因素对员工态度和行为影响的整合研究是最新关注的焦点。这种从整合角度出发的研究指出，研究不能孤立或单独地考察某一或某几个匹配因素对结果变量的影响，需要将多种因素放在统一框架中探索它们的主效应与交互效应，这样的研究才不会片面，才能充分探讨多种匹配因素的效应大小。国内外已经有研究者意识到这种整合的必要性，也在一定程度上验证了不同匹配因素的整合性模型，比如整合模型中P-O匹配、P-J匹配在P-V匹配对结果变量影响中的中介效应，以及P-G匹配、P-S匹配在P-O匹配、P-J匹配对结果变量的影响中起调节作用（曹云飞，史烽，蔡翔，2012）。但是将组织内外各种匹配因素整合起来进行考察的研究还没有出现。

另外，关于各种匹配因素对结果变量效用大小的结论也不尽相同。因此，将所有匹配因素整合起来探讨它们对不同结果变量的独特效应大小是非常有必要的。

即便是同样的结果变量，不同种类的员工感知到的各种匹配因素对结果变量的重要性也是不一样的。比如，新入职的员工可能觉得P-J匹配对结果变量的影响更大一些，而老员工可能认为P-O匹配对他来说更重要；再比如，基层流水线上的员工可能认为P-J匹配对工作结果更重要，但是管理层面的管理人员可能认为P-O匹配对他们来说更重要。

因此，将各种匹配因素整合起来，考察它们各自对结果变量的影响及彼此的交互效应非常有必要，而且意义重大。

2. 缺乏纵向研究

以往研究多采用静态的视角，考察某种匹配因素对员工行为或态度的影响，没有将研究对象细化，而事实上对处于不同职业阶段的员工来说，匹配因素对其态度或行为的具体影响机制存在差异。因此，从纵向的角度出发，考察多边匹配对处于不同职业阶段员工态度或行为的影响非常有必要，不仅能够帮助员工实现良好的职业发展，而且可以提高企业的核心竞争力。

3. 缺乏团队层面的研究

关于多边匹配对结果变量的研究都得出了同样的结论，即员工与组织的匹配对结果变量存在积极的正效应。但作为企业的核心力量和价值创造者员工不是孤立存在的，其态度和行为会直接影响到其所在的团队，进而会影响到所在的组织。在当今企业中，随着团队模式的广泛运用，理解团队成员与团队的匹配模式和情感体验对提高团队凝聚力、团队效能，进而实现组织目标具有不可忽视的作用。团队作为组织内的重要单元，其效能和士气是否良好会直接影响到整个组织的绩效，甚至是组织的发展，好的团队效能对提升企业核心竞争力，保证企业持续发展有着不可替代的作用。但是目前关于团队层面的研究非常少，而且更没有研究将个体层面和团体层面的研究整合起来，探索个体因素对团队行为影响的重要作用。因此，匹配因素对结果变量的探讨不应仅停留在个体层面，还应探讨其对团队和组织的影响。

4. 研究结论仍存在一定的争议

综合前人研究发现，员工与环境的匹配对员工工作表现的影响至今仍然存在互相矛盾的结论。比如 P-O 匹配与员工工作表现之间的关系会受到员工自尊水平的影响，对于高自尊的员工来说，P-O 匹配程度越高，其工作表现就会越好。当然 P-O 匹配与员工工作表现之间的关系还会受到其他变量的影响，比如员工满意度在 P-O 匹配与员工工作表现之间起中介作用。因此，对于具体员工来说，员工与环境等诸方面的匹配究竟会对不同结果变量产生怎样的影响，还需要进一步讨论和寻求证据。

5. 缺乏干预研究

关于多边匹配的应用研究越来越多，但是这些研究均以问卷调查为基础，且停留在静态数据层面，很少有研究进行干预以验证结论的有效性。本研究先用问卷调查，探索出多边匹配对员工职业适应性及士气的影响，然后用定性的方法制定针对性干预方案，进行干预研究，以证实模型的有效性。

第二部分 多边匹配理论在管理实践中的应用

第三章 多边匹配对员工、团队士气影响的研究思路

第一节 研究思路

从人与环境互动的角度出发，探索P-O匹配、P-J匹配、P-G匹配和P-S匹配对不同职业阶段的员工态度和行为影响的内在机制，拓宽多边匹配在组织行为学和管理学方面的研究视角，丰富匹配性理论的研究内容。另外，本研究还在定量研究的基础上进行了验证研究，开发出基于匹配理论的员工行为干预方案，从定性和定量相结合的角度对多边匹配对企业员工及团队的重要性进行阐释，以期为多边匹配的学术研究及管理实践提供参考和建议。

第二节 研究的总体框架

本研究的总体框架如图3-1所示。

研究主要包括P-O匹配、P-J匹配、P-G匹配和P-S匹配对新入职员工职

业适应性的影响、对老员工①士气（组织认同、满意度、工作投入）和团队士气（团队效能、团队凝聚力）的影响机制及多边匹配对员工行为有效性影响的验证研究三大部分。

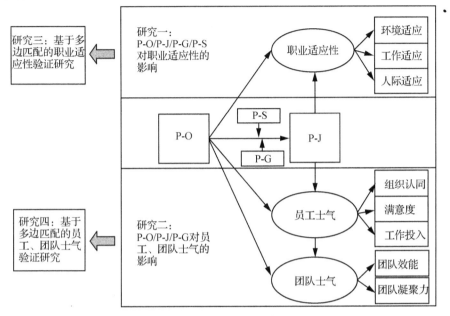

图3-1 本研究的总体框架

第三节 研究的技术路线

本研究采用文献综述法、问卷调查法、团体焦点访谈法、小组访谈法进行调研，采用培训的模式对被试进行干预。首先在前人对匹配工具进行文献梳理与归纳总结的基础上，对企业高管和人力资源管理人员进行访谈和问卷调查，了解匹配因素对不同阶段员工的不同效用，并开发出针对具体企业的P-O匹配工具及针对具体工种的P-J匹配工具，然后根据多边匹配的应用研究，提出新入职员工职业适应性研究和干预方案，以及基于多边匹配的老员工、团队士气影响机制及干预方案。研究需要依次探索多种匹配因素对新员工、老员工及团队行为的影响，而且需要通过多样本、多职业、多次取样的

---

① 本研究涉及两类研究对象：一类是入职一年及以下的员工，作者将其称之为"新入职员工"；一类是入职一年以上的员工，作者将他们称为"老员工"。

方式进行数据采集。这样的数据收集方式也避免了同源误差对结果的影响。涉及问卷均为中文问卷，由被试直接作答。

第四节 研究目标

本研究的主要目标是探索四种匹配因素，尤其是 P-O 匹配对员工和团队行为有效性的影响机制，具体如下：

第一，探索 P-O 匹配、P-J 匹配、P-G 匹配和 P-S 匹配对新入职员工职业适应性的影响机制；

第二，探索 P-O 匹配、P-J 匹配、P-G 匹配和 P-S 匹配对老员工士气（组织认同、满意度、工作投入）的影响机制；

第三，探索 P-O 匹配、P-J 匹配、P-G 匹配和 P-S 匹配对老员工、团队士气（团队效能和凝聚力）影响的具体作用机制；

第四，探索老员工士气与团队士气的关系；

第五，探索 P-O 匹配、P-J 匹配、P-G 匹配和 P-S 匹配对老员工士气、团队士气影响的整合机制；

第六，提出基于多边匹配的新员工职业适应性干预研究方案，定性验证模型的有效性；

第七，提出基于多边匹配的老员工、团队士气干预方案，并进行跟踪研究，提出建议与对策。

第五节 研究内容与假设

本研究内容主要包括多边匹配对新入职员工职业适应性的影响机制研究，多边匹配对老员工、团队士气的影响机制研究及多边匹配对员工行为有效性影响的验证研究三大部分。

一、多边匹配对新入职员工职业适应性的影响机制研究

（1）研究框架

多边匹配（P-O 匹配、P-J 匹配、P-G 匹配和 P-S 匹配）对新入职员工职业适应性（环境适应、工作适应、人际适应）的影响，其研究框架如图 3-2 所示。

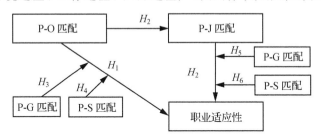

图 3-2 多边匹配对新入职员工职业适应性影响的研究框架

（2）研究假设

其研究假设主要有：

H_1：P-O 匹配对新入职员工职业适应性（环境适应、工作适应、人际适应）具有预测效应；

H_2：P-J 匹配在 P-O 匹配对新入职员工职业适应性的影响中起中介作用；

H_3：P-G 匹配在 P-O 匹配对新入职员工职业适应性的影响中起调节作用；

H_4：P-S 匹配在 P-O 匹配对新入职员工职业适应性的影响中起调节作用；

H_5：P-G 匹配在 P-J 匹配对新入职员工职业适应性的影响中起调节作用；

H_6：P-S 匹配在 P-J 匹配对新入职员工职业适应性的影响中起调节作用。

二、多边匹配对老员工、团队士气的影响机制研究

（1）研究框架

多边匹配（P-O 匹配、P-J 匹配、P-G 匹配和 P-S 匹配）对老员工、团队士气影响的作用机制，其研究框架如图 3-3 所示。

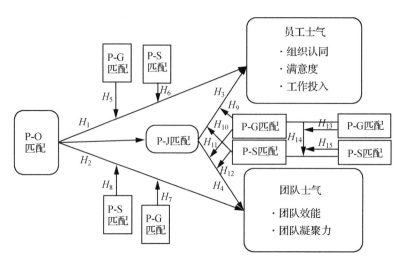

图 3-3　多边匹配对老员工、团队士气影响的机制研究框架

（2）研究假设

其研究假设主要有：

H_1：P-O 匹配能够对老员工组织认同、满意度、工作投入进行预测；

H_2：P-O 匹配能够对老员工团队效能、团队凝聚力进行预测；

H_3：P-J 匹配在 P-O 匹配对老员工组织认同、满意度、工作投入的影响中起中介作用；

H_4：P-J 匹配在 P-O 匹配对老员工团队效能、团队凝聚力的影响中起中介作用；

H_5：P-G 匹配在 P-O 匹配对老员工结果变量的影响中起调节作用；

H_6：P-S 匹配在 P-O 匹配对老员工结果变量的影响中起调节作用；

H_7：P-G 匹配在 P-O 匹配对团队结果变量的影响中起调节作用；

H_8：P-S 匹配在 P-O 匹配对团队结果变量的影响中起调节作用；

H_9：P-G 匹配在 P-J 匹配对老员工结果变量的影响中起调节作用；

H_{10}：P-S 匹配在 P-J 匹配对老员工结果变量的影响中起调节作用；

H_{11}：P-G 匹配在 P-J 匹配对团队结果变量的影响中起调节作用；

H_{12}：P-S 匹配在 P-J 匹配对团队结果变量的影响中起调节作用；

H_{13}：员工士气在 P-O 匹配对老员工团队效能、团队凝聚力的影响中起中介作用。

三、多边匹配对员工行为有效性影响的验证研究

研究主要包括多边匹配（P-O 匹配、P-J 匹配、P-G 匹配和 P-S 匹配）对

新入职员工职业适应性影响的验证研究和多边匹配对老员工、团队士气影响的验证研究两大部分。

（1）研究

两大部分的研究框架分别如图3-4、图3-5所示。

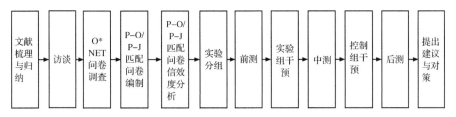

图3-4 多边匹配对新入职员工职业适应性影响的验证研究框架

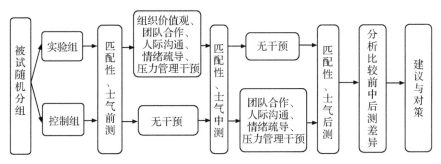

图3-5 多边匹配对老员工、团队士气影响的验证研究框架

（2）研究假设

子研究一：多边匹配对新入职员工职业适应性影响的验证研究

其研究假设主要有：

H_1：实验组和控制组的前测在匹配因素及职业适应性得分上均无显著差异；

H_2：在中测上，实验组的P-G匹配和P-S匹配及职业适应性得分均显著高于控制组；

H_3：实验组前测与中测在P-O匹配、P-J匹配、P-G匹配和P-S匹配及职业适应性得分上均表现出显著差异；控制组前测与中测在P-O匹配、P-J匹配上表现出显著差异，但在P-G匹配和P-S匹配及职业适应性得分上均没有表现出显著差异；

H_4：实验组在匹配因素及职业适应性上的后测得分显著高于前测，但与中测无显著差异；控制组在P-O匹配、P-J匹配、P-G匹配和P-S匹配及职业适应性上的后测得分显著高于中测和前测；实验组与控制组在后测得分上不存在显著差异；

子研究二：多边匹配对老员工、团队士气影响的验证研究

其研究假设主要有：

H_1：前测得分方面，实验组、控制组在匹配（P-O匹配、P-J匹配、P-G匹配和P-S匹配）、员工士气（组织认同、满意度、工作投入）、团队士气（团队效能、团队凝聚力）上不存在显著差异；

H_2：中测得分方面，实验组、控制组在P-O匹配、P-J匹配方面的得分上没有显著差异，但在P-G匹配和P-S匹配及员工士气（满意度、组织认同和工作投入）、团队士气（团队效能、团队凝聚力）的得分上存在显著差异；

H_3：后测得分方面，实验组与控制组在P-O匹配、P-J匹配、P-G匹配、P-S匹配，以及组织认同、满意度和工作投入、团队效能、团队凝聚力方面均不存在显著差异；

H_4：实验组的P-O匹配、P-J匹配在前测与中测中的得分不存在显著差异，但P-G匹配、P-S匹配及员工士气（组织认同、满意度、工作投入）、团队士气（团队效能、团队凝聚力）的得分在前测与中测方面存在显著差异；

H_5：实验组的P-O匹配、P-J匹配在前测与后测、中测与后测中的得分均不存在显著差异，但P-G匹配、P-S匹配，以及员工士气（组织认同、满意度、工作投入）、团队士气（团队效能、团队凝聚力）在前测与后测、中测与后测上的得分均存在显著差异；

H_6：控制组在所有匹配因素和结果变量上的前测与中测得分均不存在显著差异；

H_7：控制组的P-J匹配、P-O匹配在前测与后测、中测与后测上的得分不存在显著差异，但在P-G匹配、P-S匹配，以及员工士气（组织认同、满意度、工作投入）、团队士气（团队效能、团队凝聚力）方面，其前测与后测、中测与后测均存在显著差异。

第四章

多边匹配对新入职员工职业适应性的影响

第一节 研究的理论基础与假设

一、研究的理论背景

组织行为学方面的研究发现,员工的工作态度和行为不仅受到本身所掌握的与工作相关的知识、技能和能力,以及本身的人格特质与独特的行为模式的影响,还会受到其所处的环境的影响,其与环境的交互是影响个体行为的决定性因素(王元元,2012)。因此,人的态度和行为是自身与环境相互作用的结果。

职业适应性,指个体必须具备的能顺应职业环境的变化,解决自身职业发展中所面对的问题的一系列能力,是衡量一个人职业发展最重要的指标,是决定个体家庭生活与社会生活是否幸福的基础,也可以影响到企业的经营绩效与发展前景(王益富,2014)。因此,探索员工的职业适应性,尤其是探索新入职员工的职业适应性,对正确合理地了解员工现状,发现员工职业发展中存在的问题有非常重要的作用,而且员工职业适应是否良好会直接影响到其离职倾向,进而影响到组织的整体运行效能和生产效率,因此,考察职业适应性的影响因素尤其是人与环境的匹配因素显得尤为重要。

但以往对于匹配因素的研究,针对的大多是企业内的员工,研究匹配因素对员工行为和态度的影响。匹配的好坏对企业内处于不同阶段的员工影响是不同的。对于新入职的员工来说,匹配是否良好会直接影响到其职业适应性,进而带来一系列适应方面的问题。因此,研究匹配因素对新入职员工职业适应性的影响，并对即将入职的学生进行干预从而提高其与未来职业的匹配度，使其为未来的职业适应做好准备有着非常重要的意义。新入职员工会面临学职转换等角色转变问题，如果能在新入职阶段与所在组织、工作、团队和直接领导实现良好的匹配，那么其就会很快地融入新的工作环境中，成为一名合格的员工，为团队和组织贡献自己的力量。但是如果在入职初期，员工与组织或者工作、团队、领导没有实现很好的匹配，这将会导致长时间的磨合期，比如调岗或者换工作团队，甚至离职等，这样的话就会浪费诸多的资源，同样会耗费更多的人力成本去招募新的员工。因此，在招聘阶段招聘到合格的员工，并进行合理的培训，提高其与所在组织、团队、工作和领导的匹配度，是留住员工并提高组织核心竞争力的有效方法之一（图4-1）。

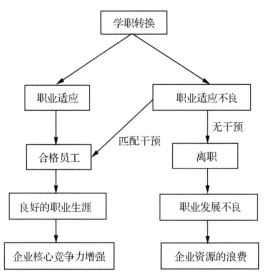

图 4-1　新入职员工职业适应图

但是 P-O 匹配和 P-J 匹配均存在其局限性。比如，P-O 匹配理论的出发点是在招聘过程中寻求与组织目标、价值观等相契合的员工，只是对于未入职员工或者新入职员工来说，组织目标和价值观是相对虚无的概念，他们没有办法在短时间内做出判断。因此，P-O 匹配对于新入职员工职业适应性的影响效能值得商榷。另外，P-J 匹配理论在现实生活中也有其局限性，P-J 匹配忽略了其他匹配因素对于员工选拔的重要影响，这种入职前的匹配虽然能保证应聘者在短时间内地适应手头的工作，但能与同事相处融洽，拥有和谐的员工关系，也是保证员工对组织认同的重要条件。因此，对于新入职的员工来说，接受组织相关的价值理念培训、目标和愿景培训是非常有必要的。而在工作方面，新入职员工虽然在学校学习了与工作相关的知识，但在将知识运用到实践方面，仍然存在较大的困难，因此，普遍呈现出在业务上不熟练的状态，而且新入职员工仍处于轮岗或者摸索阶段，并未真正接触到工作的核心，因此，P-J 匹配的培训也是非常必要的。另外，对于新入职员工来说，他们在短时间内并未真正了解组织的文化理念，更没有真正融入这个组织，即与组织衔接的纽带尚不够强大。这个时候他们感觉到的与团队成员是否和谐相处，与领导是否匹配，是否在小范围的团队内部找到归属感才是决定他们能否由学生顺利过渡为员工，完成其职业转变并愿意留在组织的关键。

随着社会和企业环境的急速变化，新入职员工必须适应各种职业压力与应激环境，并可以在模糊的情境中做出恰当的决策，因此，研究新入职员工的职业适应及匹配因素对职业适应性的影响对如何提高其适应性来说至关重要。

二、研究目的

考察 P-O 匹配、P-J 匹配、P-G 匹配和 P-S 匹配等匹配因素对新入职员工职业适应性影响及作用机制。

三、研究假设

新入职员工的职业适应性包括组织环境适应性、工作适应性和人际适应性三个方面。根据以往研究，在各种匹配因素中，P-O 匹配对员工行为的影响最大，影响时间最长，P-J 匹配对员工行为的影响最直接，P-G 匹配和 P-S 匹配在各种自变量对员工态度和行为的影响中起到调节作用。而对新入职员工来说，他们在新的团队中会形成以新员工为主要成员的小团体，在小团体中他们共同面临着与企业环境的磨合、学习工作技能的困境、与团队中领导或是其他部门成员的相处等问题，这样的小团体给他们带来的归属感比团队领导或是组织给予的关怀更强烈。

以往的研究认为，组织文化通过价值观的渲染，直接帮助员工适应其职业；企业文化通过工作特征间接对员工的职业适应性产生影响（潘孝富等，2012）。基于此，本研究提出假设 1、2。

H_1：P-O 匹配能对新入职员工的职业适应性做出预测。

H_2：P-J 匹配在 P-O 匹配对新入职员工职业适应性的影响中起中介作用。

尽管没有研究探索 P-G 匹配和 P-S 匹配在匹配因素对员工职业适应性影响中的调节作用，但团体动力学理论认为，员工与团队及领导的交互是决定员工行为的重要因素，而且以往的研究发现，社会支持、同伴支持与信念对大学生职业适应性具有独特的解释力，关系因素（与同事的关系、与领导或老板的关系）对农民工的职业适应能力可以做出更好的解释（王茂福，2010）；即尽管 P-G 匹配和 P-S 匹配不能直接预测结果变量，但可以更好地对结果变量做出解释，类似于调节效应，基于此，本研究提出假设3、4。

H_3：P-S 匹配在 P-O 匹配、P-J 匹配对员工职业适应性的影响中起调节作用。

H_4：P-G 匹配在 P-O 匹配、P-J 匹配对员工职业适应性的影响中起调节作用。

第二节 研究方法

一、被试

从北京、浙江、山东、江苏、安徽等地选取工作年限1年及以下的新入职员工作为被试。主要采用人力资源管理人员协助的方式来对问卷进行发放和作答，问卷以团体施测的形式在开会前进行统一作答，并当场回收。共发放问卷200份，回收了有效问卷189份，有效回收率94.5%。其中女86人，男103人。

二、研究方法

访谈法和问卷调查法。访谈提纲和问卷见附录部分。

三、研究工具

（一）匹配问卷

匹配问卷包括 P-O 匹配、P-J 匹配、P-G 匹配和 P-S 匹配四个分问卷。

P-O 匹配问卷：为获得 P-O 匹配的完整内容，本研究认为 P-O 匹配包括价值观匹配和目标匹配两个维度，采用韦宝（Cable）等（2002）编制的6个题目的英文问卷，其中价值观匹配问卷和目标匹配问卷均为3个，本研究中它们的克伦巴赫 α 系数分别为0.675、0.808，中文问卷经由3名心理学博士生翻译而成。例如"我生活中的价值观和组织所倡导的价值观相类似"（价值观匹配）、"我个人的目标与组织目标相类似"（目标匹配）。

P-J 匹配问卷：包括"需求-供给""能力-要求"两个维度，采用韦宝

（Cable）等（2002）编制的P-J匹配6个项目的英文问卷，"需求-供给""能力-要求"两个分问卷分别包括3个项目，克伦巴赫α系数分别为0.811、0.801，中文问卷经由3名心理学博士生翻译而成。例如"我对工作的期望和工作所能带给我的具有一致性"（"需求-供给"）、"我所拥有的工作技能正好能满足我的工作需要"（"能力-要求"）。

P-G匹配问卷：采用赖安（Ryan）等2009年编制的P-G匹配英文问卷，问卷包括5个项目，克伦巴赫α系数为0.686，中文问卷经由3名心理学博士生翻译而成。例如"和团队里其他人相处是我工作中最好的部分之一"。

P-S匹配问卷：P-S匹配指上下级观点、价值观、目标、意图等之间的深层相似。本研究采用斯博克（Schaubroeck）2002年编制的"员工-主管契合"问卷，并加以修订而成。本问卷的信效度在国内研究中得到验证，本研究中该问卷的克伦巴赫α系数为0.832。

（二）员工职业适应性问卷

借鉴国内王益富编制的员工职业适应性问卷中的项目自行修改而成。问卷包括组织环境适应、工作适应、人际适应三个维度，每个维度有4个项目，总共12个项目。组织环境适应的项目如"我能很好地接受组织的经营模式"；人际适应性的项目如"我能很好地与其他部门同事进行沟通交流"；工作适应的项目如"我能很好地解决工作中遇到的问题"。所有项目采用李克特式五点计分法，得分越高，表示员工的适应性越好。

四、研究程序

从北京、浙江、山东、江苏和安徽等省市，寻找企业的人力资源管理人员，让他们当场发放问卷并当场回收。

五、数据处理

采用SPSS 16.0和AMOS 8.0对数据进行处理。

第三节 研究结果与分析

一、问卷的信效度分析

首先剔除无效问卷，然后对除人口统计学变量以外的数据进行缺失值和异常值处理。接着对问卷进行信效度分析及进一步的统计分析。

(一) 匹配问卷的信效度分析

1. 匹配总问卷及分问卷的信度检验

用克伦巴赫 α 系数对匹配总问卷及分问卷进行信度分析,结果如图 4-2 所示。由此我们可以看出,匹配总问卷及分问卷的信度都达到 0.686 以上,问卷的信度良好。

2. 匹配问卷的效度检验

根据前人研究,将匹配问卷分为 P-O 匹配问卷、P-J 匹配问卷、P-G 匹配问卷和 P-S 匹配问卷。用 AMOS 8.0 进行验证性因素分析,模型的各项拟合指数如下:$\chi^2/df = 3.248$,RMR = 0.046,GFI = 0.867,IFI = 0.889,TLI = 0.872,NFI = 0.848,CFI = 0.889,RMSEA = 0.043,说明问卷具有良好的结构效度。模型中各潜变量到显变量的各条路径系数都达到了显著水平,说明问卷具有良好的内敛效度;另外,问卷经过了 5 名心理学博士生的翻译与修订,具有良好的内容效度。模型结构如图 4-2 所示。

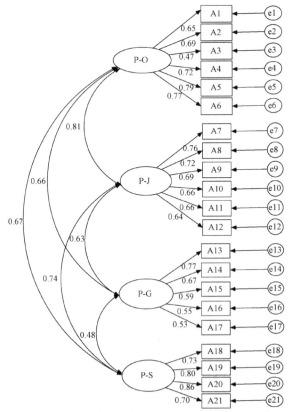

图 4-2　匹配问卷的验证性因素分析模型

（二）职业适应性问卷的信效度检验

1. 职业适应性问卷的信度检验

用克伦巴赫 α 系数对职业适应性问卷进行信度分析。结果发现总问卷及分问卷的信度均达到 0.800 以上，问卷信度良好。

2. 职业适应性问卷的效度检验

用 AMOS 8.0 对职业适应性问卷进行验证性因素分析，模型的各项拟合指数如下：$\chi^2/df = 3.996$，RMR = 0.037，GFI = 0.922，NFI = 0.930，RFI = 0.910，IFI = 0.947，TLI = 0.931，CFI = 0.946，RMSEA = 0.084，模型拟合良好。而且模型中各潜变量到显变量的路径系数均达到显著水平。说明问卷的结构效度和内敛效度良好。问卷经过了 5 名心理学博士生的审核与修订，内容效度有保障。模型结构如图 4-3 所示。

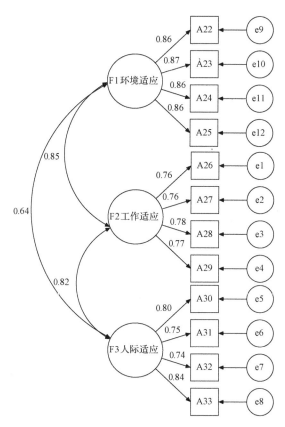

图 4-3　职业适应性问卷的验证性因素分析模型

二、新入职员工匹配与职业适应性现状分析

对新入职员工的匹配问卷得分进行描述性统计,发现工作年限 1 年以下的员工匹配的各个维度得分均超过了 3 分,说明新入职员工感知到的自身与组织、工作、团队和领导的匹配都非常好。其中他们感觉 P-G 匹配得分最高,其次是 P-O 匹配,P-J 匹配次之,P-S 匹配最差。进行方差分析发现,它们之间的得分存在显著差异($p<0.001$,$F=16.351^{***}$)。进一步进行事后检验,发现,P-G 匹配得分显著高于 P-O 匹配、P-J 匹配和 P-S 匹配($p<0.01$),另外,P-S 匹配的得分显著低于 P-O 匹配($p<0.01$)。这可能与他们新入职有关。新入职员工经常会接受新入职培训,培训内容大多包括组织文化理念培训、团队合作培训等,而且他们在学校里也经常接受团队合作方面的培训,因此,他们的 P-G 匹配得分要显著高于其他得分,且 P-O 匹配得分也较高。相反,他们对于手头从事的工作并不熟练,与领导的交往比较少,而且正处于磨合期,因此他们的 P-S 匹配得分最低,显著低于 P-G 匹配和 P-O 匹配。具体如表 4-1 所示。

表 4-1 新入职员工匹配和职业适应性得分现状

适应性维度	组织适应	环境适应	工作适应	人际适应	P-O 匹配	P-J 匹配	P-G 匹配	P-S 匹配
$M \pm SD$	4.23±0.584	4.153±0.818	4.218±0.634	4.334±0.554	3.990±0.604	3.778±0.712	4.194±0.577	3.765±0.646

对新入职员工的职业适应性进行现状分析,发现新入职员工适应得非常好。适应性得分均在 4 分以上。其中人际适应得分最高,其次是工作适应,环境适应得分最低。进一步进行方差分析发现,三种适应性得分不存在显著差异($F=1.588$,$p>0.05$)。这可能与新入职员工经常接受培训和鼓励有关。他们新入职,会形成以新入职员工为主的小团队,团队成员年龄相仿,面临共同的问题时交流较多,而且经常会得到其他人的关心与帮助,因此,人际适应的得分最高。在工作方面,他们对未来工作都没有深入的了解,尚处于学习和探索阶段,不会面临艰巨的工作任务,他们比较自信地认为自己所掌握的知识、技能与能力可以比较好地应付未来的工作,因此,工作适应得分也比较高。但在与组织的匹配方面,他们刚好面临从学校环境到工作环境的转变阶段,对企业所持的价值观并不是很了解,只是处于客观概念性的接收阶段,而且在学职转变过程中会出现诸多的不适应,比如学校作息相对比较自由,纪律上比较松散,而进入职场以后,他们要面临紧张的工作环境和严谨的纪律约束,这会导致一系列的繁杂情绪和对环境的不适应,因此,在环境适应方面的得分最低。

根据性别分组对新入职员工的匹配维度、职业适应性及其维度进行独立样本 t 检验,发现男女员工在匹配性评价上不存在显著差异（$p>0.05$）（表4-2）。因此,男女得分上的差异可能由误差所致。

表4-2　性别对新入职员工匹配评价和职业适应的影响

	t 值	男	女
P-O 匹配	0.358	3.201±0.470	4.113±0.623
P-J 匹配	0.782	3.276±0.485	3.967±0.740
P-G 匹配	-0.400	3.030±0.679	4.126±0.566
P-S 匹配	1.387	3.247±0.736	4.247±0.629
职业适应性	-1.110	4.009±0.675	4.113±0.576
环境适应性	-1.583	3.871±0.856	3.967±0.828
工作适应性	-1.604	4.016±0.743	4.126±0.634
人际适应性	-1.646	4.141±0.751	4.247±0.572

三、多边匹配对新入职员工职业适应性的影响

（一）匹配因素与新入职员工职业适应性的相关分析

从表4-3可以看出,P-O 匹配、P-G 匹配、P-S 匹配和 P-J 匹配等匹配性维度与新入职员工的职业适应性及环境适应、工作适应和人际适应三个维度呈现不同程度的显著正相关（$p<0.05$）。而性别与新入职员工职业适应性及其各维度相关不显著（$p>0.05$）。

因此,在控制性别变量的情况下,可以采用分层回归分析的方法检验各种匹配因素对新入职员工职业适应性影响的具体机制。

表4-3　匹配因素与新入职员工职业适应性的相关分析

	P-O 匹配	P-J 匹配	P-G 匹配	P-S 匹配	环境适应	工作适应	人际适应
P-O 匹配	(0.816)						
P-J 匹配	0.755**	(0.843)					
P-G 匹配	0.623**	0.544**	(0.686)				
P-S 匹配	0.384*	0.418*	0.360*	(0.832)			

本书表格中数字后面的星号表示数据的显著性,其中 * 代表 $p<0.05$；** 代表 $p<0.01$；*** 代表 $p<0.001$。

续表

	P-O 匹配	P-J 匹配	P-G 匹配	P-S 匹配	环境适应	工作适应	人际适应
环境适应	0.486**	0.363*	0.459**	0.571**	(0.881)		
工作适应	0.588**	0.462**	0.534**	0.669**	0.799**	(0.801)	
人际适应	0.441*	0.400*	0.484**	0.635**	0.686**	0.862**	(0.871)
性别	-0.099	-0.051	-0.084	-0.206	-0.155	-0.050	-0.082

(二) 分层回归分析

根据假设,以新入职员工的职业适应性为预测变量,分别以性别与P-O匹配、P-G匹配、P-S匹配和P-J匹配为自变量,采用分层回归分析的方法,考察性别与P-O匹配、P-G匹配、P-S匹配和P-J匹配对员工职业适应性的预测作用。第一步,将性别引入回归方程;第二步,将P-G匹配引入回归方程;第三步、第四步、第五步分别将P-S匹配、P-O匹配和P-J匹配引入回归方程。回归分析结果如表4-4所示。

表4-4 匹配因素对新入职员工职业适应性影响的分层回归分析

模型	自变量的顺序	自变量 β 值	F	ΔR^2
模型一	第一步:性别	性别 -1.109	0.375	0.012
模型二	第二步:P-G 匹配	性别 -0.065 P-G 匹配 0.525**	5.997**	0.274**
模型三	第三步:P-S 匹配	性别 0.034 P-G 匹配 0.559*** P-S 匹配 0.332*	11.714***	0.262**
模型四	第四步:P-O 匹配	性别 0.032 P-G 匹配 0.462*** P-S 匹配 0.376** P-O 匹配 0.306*	11.107***	0.066*
模型五	第五步:P-J 匹配	性别 0.029 P-G 匹配 0.482*** P-S 匹配 0.412** P-O 匹配 0.168 P-J 匹配 0.117	9.318***	0.020

通过表4-4我们可以发现,在控制了性别变量的影响下,依次考察P-G匹配、P-S匹配、P-O匹配和P-J匹配对员工职业适应性的预测效应,发现除第一个模型外,其他四个模型的方差均达到显著水平($p<0.05$),且第一个模型和第五个模型的R^2改变量不显著,即性别和P-J匹配对新入职员工职业适应性的预测效应不显著,观察第五个方程可以发现,P-O匹配的回归系数

也不显著了（$p>0.05$），但 P-G 匹配和 P-S 匹配对新入职员工职业适应性的预测效应依旧显著（$p<0.05$）。其中 P-G 匹配对新入职员工职业适应性的预测效应大于 P-S 匹配，即对新入职员工来说，他们与团队的匹配对其入职适应性的影响要大于他们与领导的匹配，而他们与工作的匹配及他们与组织的匹配对入职适应性的影响不显著，推翻了假设1、假设2、假设3和假设4。即在各种匹配性因素中，只有 P-G 匹配和 P-S 匹配对新入职员工的职业适应性具有预测效应，且 P-G 匹配对新入职员工职业适应性的预测效应大于 P-S 匹配。

（三）中介效应检验

根据相关分析结果和回归分析结果，进一步推翻假设3，检验 P-S 匹配在 P-G 匹配对员工职业适应性的影响中是否起中介作用。

建立 P-G 匹配、P-S 匹配对新入职员工职业适应性影响中的中介作用模型，具体见图4-4。模型的拟合指数如下：$\chi^2/df=1.829$，$RMR=0.060$，$IFI=0.888$，$CFI=0.883$，$RMSEA=0.102$，模型拟合一般，可能与数据量比较少有关。根据中介效应的检验程序，发现 P-G 匹配到 P-S 匹配、P-S 匹配到 F3（职业适应性）、P-G 匹配到 F3（职业适应性）的路径系数均显著（$p<0.05$），因此，进行 sobel 检验，sobel 检验结果为 $2.416>0.97$，因此，sobel 检验显著，P-S 匹配在 P-G 匹配对新入职员工职业适应性的影响中起部分中介作用；整个模型中，中介效应占总效应的 38.650%。

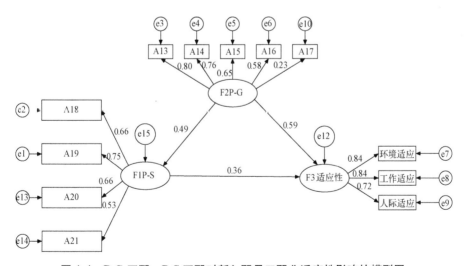

图4-4 P-G 匹配、P-S 匹配对新入职员工职业适应性影响的模型图

（四）P-J 匹配、P-O 匹配的调节效应检验

根据回归分析结果，P-J 匹配、P-O 匹配对新入职员工职业适应性的预测效应不显著，因此，检验 P-O 匹配、P-J 匹配是否在 P-G 匹配、P-S 匹配对新入职员工职业适应性的影响中起调节作用。首先，对所有自变量和调节变量进行中心化处理。采用原始分数减去平均分的方式来进行中心化。其次，进行调节效应分析的第一步，即以性别为自变量，新入职员工职业适应性为因变量建立回归方程 1。再次，依次引入 P-G 匹配、P-S 匹配、P-O 匹配和 P-J 匹配，建立回归方程 2。最后，将 P-O 匹配×P-G 匹配、P-O 匹配×P-S 匹配、P-J 匹配×P-G 匹配、P-J 匹配×P-S 匹配的交互项引入回归方程，建立模型 3，继而考察各模型的方程分析结果 F 值及各交互项的回归系数，具体结果见表 4-5。

表 4-5　P-J 匹配、P-O 匹配的调节效应检验

模型	自变量的顺序	自变量 β 值	F	ΔR^2
模型一	第一步:性别	性别 0.138	1.524	0.019
模型二	第二步:P-G 匹配、P-S 匹配、P-O 匹配、P-J 匹配	性别 0.180 P-G 匹配 0.329* P-S 匹配 0.278** P-O 匹配 0.169** P-J 匹配 0.137	19.750***	0.549***
模型三	第三步:P-O 匹配×P-G 匹配、P-O 匹配×P-S 匹配、P-J 匹配×P-G 匹配、P-J 匹配×P-S 匹配	性别 0.212** P-G 匹配 0.314** P-S 匹配 0.257** P-O 匹配 0.122 P-J 匹配 0.201 P-O 匹配 * P-G 匹配 0.015 P-J 匹配 * P-G 匹配 0.043 P-O 匹配 * P-S 匹配 -0.317* P-J 匹配 * P-S 匹配 0.287*	11.819***	0.031

从表 4-5 可以看出，三个回归方程的方差分析结果除第一个外，均显著（$p<0.001$），即第二个和第三个回归方程均有效。三个方程的 R^2 改变量只有第二个显著，即在加入调节变量的交互项后，方程的 R^2 改变量不显著了，说明调节变量的调节不显著。观察第三个回归方程发现，P-S 匹配与 P-O 匹配和 P-J 匹配交互项的回归系数均显著，即 P-O 匹配、P-J 匹配在 P-S 匹配对新入职员工职业适应性的影响中起调节作用（图 4-6）。

进一步进行简单斜率分析，发现调节效应具体表现为：

(1) 在 P-O 匹配较好的情况下，P-S 匹配是否良好对新入职员工职业适应性的影响不太大，甚至会出现随着 P-S 匹配得分的升高而表现出职业适应性略微下降的趋势；但是在 P-O 匹配不良的情况下，P-S 匹配得是否良好会直接影响到新入职员工的职业适应性，即 P-O 匹配缓解 P-S 匹配对员工职业适应性的影响。

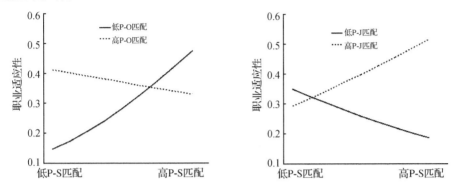

图 4-6　P-O 匹配、P-J 匹配在 P-S 匹配对新入职员工职业适应性影响中的调节作用

(2) P-S 匹配在 P-J 匹配对新入职员工职业适应性影响中的调节作用表现为：在 P-J 匹配较差的情况下，新入职员工的职业适应性随着 P-S 匹配得分的升高而出现下降趋势，但在 P-J 匹配较好的情况下，新入职员工的职业适应性会随着 P-S 匹配的提高而提高，即 P-J 匹配可以显著调节 P-S 匹配对新入职员工职业适应性的影响；这也在一定程度上说明，对新入职员工来说，P-J 匹配对他们来说也非常重要。只有 P-J 匹配得好，其他才会起作用。在 P-J 匹配不好的情况下，即便 P-S 匹配再好，也会感觉力不从心，从而出现适应不良的情况。这也说明找工作一定要找专业对口的，否则其他方面的条件再好，也无法缓解新入职员工内心的焦虑与烦躁。

（五）P-S 匹配有调节的中介变量检验

根据有调节的中介变量检验程序，首先检验 P-S 匹配在 P-G 匹配对新入职员工职业适应性影响中存在中介效应（已证实），然后检验 P-O 匹配和 P-J 匹配的调节效应，发现其调节效应也显著，由此可知，P-S 匹配是有调节的中介变量。

（六）整合模型

根据中介效应检验结果和调节效应检验结果建立整合模型，如图 4-7 所示。

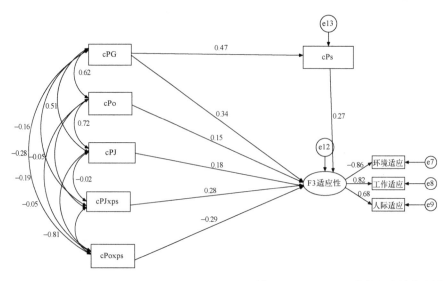

图 4-7 P-G 匹配、P-S 匹配、P-O 匹配、P-J 匹配对新入职员工职业适应性影响的整合模型

整合模型的拟合指数如下：$\chi^2/df = 3.613$，RMR = 0.031，IFI = 0.901，CFI = 0.896，RMSEA = 0.102，模型拟合一般，可能与样本数据量比较少有关。根据中介效应的检验程序，发现：①P-G 匹配到 P-S 匹配、P-S 匹配到 F3（职业适应性）、P-G 匹配到 F3（职业适应性）的路径系数均显著（$p < 0.05$），因此，进行 sobel 检验，sobel 检验结果为 $1.332 > 0.97$，由此可知 sobel 检验显著，P-S 匹配在 P-G 匹配对新入职员工职业适应性的影响中起部分中介效应；②P-S 匹配与 P-O 匹配及 P-S 匹配与 P-J 匹配交互项的回归系数显著，即 P-O 匹配、P-J 匹配在 P-S 匹配对新入职员工职业适应性的影响中起到调节作用，P-S 匹配是有调节的中介变量。

模型中的中介效应分析如表 4-6 所示，从表中可以看出，模型中的中介效应占总效应的 5.893% [0.128/ (0.128 + 0.303 + 0.424 + 0.435 + 0.522 + 0.185 + 0.175)]。

表 4-6 多重匹配因素对新入职员工职业适应性影响的中介效应分析

预测变量	W P-S 匹配	X P-G 匹配	WU_1 P-S*P-J	WU_2 P-S*P-O	U_1 P-J 匹配	U_2 P-O 匹配
对 Y 的直接效应（职业适应性）	0.303	0.424	0.435	−0.522	0.185	0.175
对 W 的直接效应（P-S 匹配）		0.533				
经过 W 对 Y 的中介效应		0.128				

为解释混合模型中的调节效应,写出 W 和 Y 对各自预测变量的回归方程:

P-S 匹配 = 0.533P-G 匹配   (1)

职业适应性 = 0.303P-S 匹配 + 0.424P-G 匹配 + 0.175P-O 匹配 + 0.185P-J 匹配 + 0.435P-J 匹配 × P-S 匹配 − 0.522P-O 匹配 × P-S 匹配   (2)

将方程(1)代入方程(2),整理得:

职业适应性 = 0.585P-G 匹配 + 0.175P-O 匹配 + 0.185P-J 匹配 + 0.435P-J 匹配 × P-S 匹配 − 0.522P-O 匹配 × P-S 匹配   (3)

从方程(3)可以看出,模型中 P-J 匹配对 P-S 匹配影响的调节效应是正向的,P-O 匹配对 P-S 匹配影响的调节效应是负向的。

第四节 讨 论

一、研究的理论意义

研究探索了 P-O 匹配、P-J 匹配、P-G 匹配和 P-S 匹配对新入职员工职业适应性的影响,对以往关于多边匹配的研究有一定的创新与拓展,具有非常重要的理论价值。其一,研究的对象为工作年限 1 年及以下的新入职员工,这对以往没有将研究对象分类的研究来说是一种扩充。其二,探索匹配因素对新入职员工职业适应性的影响不仅扩充了多边匹配影响的结果变量[以往研究的结果变量大致有员工满意度、员工离职倾向、角色内行为、创新行为、组织公民行为等(奚玉琴,2012)],而且阐释了多边匹配对新入职员工职业适应和职业生涯发展具有良好的预测作用。其三,研究表明,P-G 匹配和 P-S 匹配对新入职员工职业适应性具有预测效应,而 P-O 匹配、P-J 匹配在 P-O 匹配、在 P-S 匹配对新入职员工职业适应性的影响中起到调节作用。这样的结论解释了多边匹配对新入职员工职业适应性影响的独特作用机制,细化了四种匹配因素对员工态度和行为影响的作用机制。尽管大多研究得出一致结论,即匹配因素对员工的态度和行为存在积极效应,但是对于具体匹配的每个维度对不同结果变量的影响,不同的研究者存在不同的结论。其四,研究将 P-O 匹配、P-J 匹配、P-G 匹配和 P-S 匹配放在同一个研究中,探索四种匹配因素对新入职员工职业适应性的具体作用机制,这对多边匹配的整合研究来说是一种推进。

二、研究对实践的启示

研究表明，其一，P-G 匹配和 P-S 匹配对新入职员工职业适应性具有预测效力，且 P-G 匹配的预测效力要大于 P-S 匹配，P-S 匹配在 P-G 匹配对新入职员工职业适应性的影响中起中介作用。即 P-G 匹配不仅可以直接对新入职员工职业适应性产生影响，还可以通过 P-S 匹配的中介路径对其产生间接影响。其二，P-J 匹配和 P-O 匹配尽管与新入职员工职业适应性的三个维度都显著正相关，但不存在因果关系；P-J 匹配、P-O 匹配在 P-S 匹配对新入职员工职业适应性的影响中存在调节效应，高水平的 P-O 匹配可以缓解 P-S 匹配对新入职员工职业适应性的影响。低水平 P-J 匹配的新入职员工的职业适应性随着 P-S 匹配在的升高而降低。这一方面说明了 P-J 匹配和 P-O 匹配对新入职员工的重要性，另一方面也显示了 P-S 匹配在对新入职员工职业适应性预测效力方面依旧存在不足，这样的结果正好与描述性统计中显示的四种匹配因素中 P-S 匹配得分最低相契合。这进一步为企业人力资源管理实践提出建设性建议。

第一，研究结果肯定了现在在人力资源管理实践中正在使用的一些方法，为合理招聘和培训提供了实证证据，但也提出了新的建议与启示。比如值得肯定的是，在招募过程中，人力资源管理者注重 P-J 匹配，并在培训阶段注重 P-J 匹配是非常正确合理的。这是因为，尽管在新入职阶段，P-J 匹配对新入职员工的职业适应性没有预测效力，但它能调节 P-S 匹配对新入职员工职业适应性的影响，也是他们未来能够实现 P-J 匹配创造更多绩效的基础。如果招募到所学专业不对口或者是不合适的员工，那么，即便是其与团队成员和领导相处得比较好，在 P-J 匹配较低的情况下，他也会出现职业适应不良的情况，而且随着 P-S 匹配程度的增高，职业适应越差，结果只能是职员绩效低甚至是离职，浪费大量的人力、物力和财力。只有熟悉所做的工作，员工才会产生较高的自我效能，产生更多的组织公民行为。

第二，结果表明，对于新入职员工来说，P-G 匹配对其职业适应性的预测效力最大。从描述性统计也可以看出，在所有匹配维度得分中，P-G 匹配的得分是最高的。这说明，在新入职员工培训阶段，团队合作培训是非常必要的，而且目前在人力资源管理领域也做得非常好。只有在团队中感到良好的归属感，他们才愿意进一步融入组织，去学习与工作相关的技能，进而提高其职业适应性。

第三，研究结果也给人力资源管理实践提供了一定的建议。比如，在新入职员工的培训阶段，进行组织文化理念培训，提高 P-O 匹配也是必需的，尽管 P-O 匹配不能对新入职员工职业适应性做出预测，但是，它在 P-S 匹配对新入职员工职业适应性的影响中起到调节作用，能缓解 P-S 匹配对新入职员工职业适应性的影响。具有高度 P-O 匹配的新入职员工，其职业适应性受 P-S 匹配的影响较小，且保持较高的探索兴趣。因此，在入职初期，甚至在整个的员工发展过程中进行组织文化理念、组织愿景的培训与熏陶是非常有必要的。组织文化层面的东西需要长时间的主观感知。因为 P-O 匹配是员工与组织长期磨合相互包容、相互渗透的过程，尽管在短时间内 P-O 匹配的培训难见成效，但对于新入职员工的长期发展具有潜移默化的影响。只有感知到与组织能够在文化层面上融合，他们才会产生强烈的组织认同，才会愿意深入了解企业，为组织创造更多的价值。

第四，作为另一项对新入职员工职业适应性预测效力比较大的指标，P-S 匹配显得非常不理想。P-S 匹配在四种匹配得分中得分最低。这不仅与企业特有的领导权力距离比较大有关，而且与企业中没有大力倡导领导要关注新入职员工有关。因此，若想使新入职员工尽快适应新的工作，尽快为企业创造价值，减少离职率，降低在人力招聘方面的投入，需要企业领导、团队成员的共同努力。

三、研究的不足与展望

研究尽管取得了一定的成绩，但依旧存在诸多不足。

首先，只检验了 P-O 匹配、P-J 匹配、P-G 匹配和 P-S 匹配对新入职员工职业适应性的影响，没有涉及其他结果变量，研究存在局限性。

其次，没有将 P-O 匹配、P-J 匹配、P-G 匹配和 P-S 匹配对新入职员工的工作适应、环境适应和人际适应的研究机制进行区分，没有探讨三种适应性之间的关系。

最后，被试样本虽然来自全国几个省份，但是鉴于样本量有限，研究的生态效度值得商榷，且没能够检验出男性与女性是否在整合模型中存在显著差异。

在未来的研究中，应扩大样本量，且增加与新入职员工有关的态度和行为结果变量，比如离职倾向等。

第五节 结 论

本研究的主要结论如下：

（1）P-G 匹配、P-S 匹配对新入职员工职业适应性具有预测效应，且 P-G 匹配的预测效应要大于 P-S 匹配；

（2）P-G 匹配不仅可以直接影响新入职员工的职业适应性，还可以通过 P-S 匹配对新入职员工的职业适应性产生间接影响；

（3）P-J 匹配、P-O 匹配在 P-S 匹配对新入职员工职业适应性的影响中起调节作用，其中 P-O 匹配的调节效应大于 P-J 匹配；

（4）多边匹配对新入职员工职业适应性的影响机制非常复杂，企业管理人员要综合考虑各种因素的影响效用，尤其注意在员工新入职时关注其与团队成员的匹配度。

第五章

多边匹配对老员工、团队士气的影响

第一节 研究的理论基础与假设

一、多边匹配对士气影响的理论基础

个体通过对个人价值观，所掌握的知识、技能或能力与组织特征、工作需求之间的契合程度进行评价，形成个体与组织、个体与工作的匹配感知，这种感知不仅会影响到个体的态度，还会影响到其行为，甚至是其所在团队和组织的效能。马斯洛的需求层次理论认为，只有当个体的低层次需求得到满足后才可以发展出更高层次的需求。因此，只有组织为员工所提供的资源（薪资、福利、物料、工作环境等）能满足员工的低级需求（生理需要、安全需要、归属和爱的需要），员工才会发展出更高层次的需求，比如自尊的需求、审美的需求及自我实现的需求，这时候员工对组织更加认同，就会追求更高的工作效率与更有成效的工作方式，工作投入度会更高，从而较好较快地完成自身的工作任务，进而表现出更高的满意度和更积极的组织公民行为，比如完成工作以外的工作，帮助他人，为组织发展建言等。根据目标设置理论，当员工所具备的价值观与组织相似（P-O 匹配较好），所掌握的知识、技能和能力能满足工作和组织所需时（P-J 匹配较好），员工就会得到较好的反馈，因而对组织更加认同，在工作上更自信，感受到较高的自我效能感，更愿意去了解和学习与组织和工作相关的知识，表现出更高程度的工作投入度。根据社会认同理论，组织内的员工更有机会融入与自身价值观和目标相似的组织（P-O 匹配好），组织内与自身具有相似心理特质的个体更容易相互吸引

63

并产生交流互动（P-G 匹配好），这样，组织内的员工会形成更一致的价值观和更和谐的组织氛围，进而对组织更满意，以更高的工作投入度来回馈组织。

二、匹配因素对士气影响的相关研究及假设

（一）P-O 匹配对工作投入、满意度、组织认同、团队效能、团队凝聚力的直接效应

人与组织匹配包括一致性匹配和互补性匹配两种。一致性匹配认为人与组织的价值观等存在相似或一致的现象，而互补性匹配认为员工具有独特的资源，这种资源会弥补组织的不足。两者都是人力资源管理人员在招聘过程中需要考虑的问题。因为人与组织是否匹配不仅会直接影响到个体对工作的选择，而且会对长远工作变量比如离职行为、绩效、组织承诺产生影响（李洁，2014），主要表现在两个方面。一方面，P-O 匹配对员工工作态度的影响。大量研究表明员工与组织的匹配（P-O 匹配）对其满意度、组织承诺、群体凝聚力、组织认同有重要影响（陈小玲，2013）。另一方面，P-O 匹配对员工行为的影响。克里斯托夫等的研究表明，与 P-J 匹配相比，P-O 匹配更能对员工的离职倾向做出预测；施耐德等人的研究也表明个人与组织的高度匹配会减少人员的流动；另有研究表明，P-O 匹配可以对员工的组织公民行为和建言行为、角色内行为进行预测（郭玉佳，2012）。

除此之外，团队成员作为团队的力量来源，其态度和行为具有扩散性和传染性，每一个团队成员的行为都会直接或间接地对其所在团队的凝聚力和团队效能产生影响。

综合上述，本研究提出以下假设：

H_1：P-O 匹配对老员工士气（工作投入、满意度、组织认同）具有正向预测效应；

H_2：P-O 匹配对老员工团队士气（团队效能、团队凝聚力）有正向预测效应。

（二）P-J 匹配的中介效应

首先，诸多研究表明，与工作匹配程度较高的员工会在组织中表现出较积极的工作行为和更高的工作效率，与工作匹配较好的领导，或者说具有较高专业素养的领导，能够对团队绩效产生积极影响；专业素养较高的领导更能得到下属的尊重和认可（井润田，胡思瑶，2014）。P-J 匹配对员工满意度和工作投入影响的重要性，是决定员工工作表现的重要因素，能够预测员工的满意度和工作投入。现实实践同样如此，只有当员工所具备的知识、技能

和能力与工作所需相匹配时,员工才会有较高的自我效能与自信,才会产生更多的工作投入,进而对团队效能和组织绩效产生影响。而团队和组织的整体绩效较高时,又会促进员工对组织的认同和满意度。这说明 P-J 匹配可以对员工和团队的行为产生影响。

其次,还有研究认为,P-O 匹配、P-J 匹配对员工的离职倾向、压力承受力、工作韧性及角色外行为均存在正向预测效应,而且研究也证实了 P-J 匹配的中介效应;P-V 匹配通过 P-O 匹配、P-J 匹配对员工满意度、组织承诺、离职行为和组织公民行为产生影响;P-O 匹配通过 P-J 匹配对员工满意度产生积极效应,领导成员关系(LMX)起调节作用。这些研究都证实了 P-J 匹配在 P-O 匹配或者 P-V 匹配对员工行为影响中的中介作用。

因此,本研究提出以下假设:

H_3:P-J 匹配在 P-O 匹配对老员工士气(工作投入、满意度、组织认同)的影响中起中介作用;

H_4:P-J 匹配在 P-O 匹配对老员工团队士气(团队效能、团队凝聚力)的影响中起中介作用。

(三)P-G 匹配、P-S 匹配的调节作用

基于"输入—过程—产出"(input-process-output,I-P-O)模型,员工与团队的匹配,尤其是作为团队领头人的领导与团队的匹配,会通过某些团队成员的交互作用过程影响团队产出,比如团队效能和团队凝聚力。根据社会认同理论,团队会选择与其目标相匹配的领导及成员,团队成员与团队的匹配决定了团队满意度。当团队能够满足个体所需时,个体会以积极的态度去工作和对待团队中的其他成员,进而形成高度和谐的团队氛围和强有力的团队凝聚力,为提高团队效能打好基础。因此,当员工及领导与其所在的团队相匹配时,彼此的喜欢会使得团队凝聚力提高,也会产生较高的团队效能和团队士气。团队成员会对自己与其他团队成员及领导进行匹配评估,如果评估得分高,即吸引力高,那么他会选择留在这个团队,反之,则会选择离开这个团队。理论证实了 P-G 匹配对员工和团队结果变量的重要性。

总之,不论是基于集体价值观的团队匹配还是基于个人能力的团队匹配,诸多研究均表明,个体与团队的匹配对团队凝聚力、团队效能和团队表现有积极的正向作用(Kristof-Brown,et al,2014)。

而实证研究表明,P-V 匹配、P-O 匹配对组织公民行为、员工角色内行为、员工满意度有显著的正向影响,而且还会受到 P-G 匹配的调节。

因此,本研究提出以下假设:

H_5：P-G 匹配在 P-O 匹配对老员工士气的影响中起调节作用；

H_6：P-G 匹配在 P-O 匹配对老员工团队士气的影响中起调节作用；

H_7：P-G 匹配在 P-J 匹配对老员工士气的影响中起调节作用；

H_8：P-G 匹配在 P-J 匹配在老员工团队士气的影响中起调节作用。

（四）P-S 匹配与员工、团队士气

社会交换理论认为，团队领导是团队的领头人，他与团队的匹配，及他与团队成员的交互会直接影响到团队成员的态度和行为，甚至会影响到组织或团队的整体效能，团队成员对领导者的态度会影响其归属感，高的情感交换有助于提升团队绩效与团队士气。在团队运作过程中，团队领导与成员的积极互动、情感交换及彼此间的高效配合是建立高效团队的基础，是影响员工归属感和员工组织忠诚度的重要因素之一，也是减少员工与团队冲突，提高员工满意度和工作投入的重要因素。积极的"领导-成员"情感交换会诱发积极行为，领导的积极行为在团队中会诱发较高的兴奋感和热情度，这种积极的情绪进而会形成良好的团队士气。理论和实证研究都证实了 P-S 匹配对员工和团队行为影响的重要性。

因此，团队内部领导与成员是否匹配，匹配是否良好，成员对领导是否认可不仅会直接影响到员工个体的态度和行为，还会影响到团队的绩效和士气。井润田、胡思瑶（2014）的研究认为，科研团队中团队成员对领导者的专业尊重和认可程度对团队士气的影响极为明显，会直接影响到团队的绩效。

还有研究表明，P-O 匹配通过 P-J 匹配对员工满意度产生积极效应，领导成员关系起调节作用（谢义忠，韩雪，张欣，时勘，2006）。这证实了 P-S 匹配的调节效应。

因此，本研究提出以下假设：

H_9：P-S 匹配在 P-O 匹配对老员工士气的影响中起调节效应；

H_{10}：P-S 匹配在 P-O 匹配对老员工团队士气的影响中起调节作用；

H_{11}：P-S 匹配在 P-J 匹配对老员工士气的影响中起调节作用；

H_{12}：P-S 匹配在 P-J 匹配在老员工团队士气的影响中起调节作用。

（五）员工士气的中介效应

勒温的群体动力理论认为员工是组成团队的基本成员，员工之间的相互作用是决定团队动力的关键。这个理论肯定了员工士气对团队士气影响的重要性，而以往的实证研究也表明，团队内部领导与成员是否匹配、匹配是否良好、成员对领导是否认可不仅会直接影响到员工个体的态度和行为，还会影响到团队的绩效和士气；团队成员的沟通要素、非工作关系（友谊联结），以及任务协作方式会对团队创新绩效产生影响。因此，本研究提出以下假设：

H_{13}：员工士气在P-O匹配对团队士气的影响中存在中介效应（图5-1）。

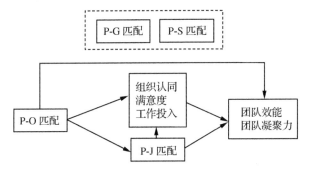

图5-1　P-O匹配对团队士气的影响：员工士气的中介效应

第二节　研究方法

一、被试

从北京、浙江、山东、江苏、安徽等地选取工作年限1年及以上的员工作为被试，共选取50个工作团队，发放问卷550份，回收532份，回收有效问卷486份，有效回收率为88.364%，其中男163人，女323人，工作1~2年的113人、2~5年的182人、5年以上的191人，普通员工344人、基层领导90人、中层领导44人、高层领导8人。

二、研究方法

问卷调查法。

三、研究工具

（一）匹配问卷

匹配问卷包括P-O匹配、P-J匹配、P-G匹配和P-S匹配四个分问卷。

P-O匹配问卷：为获得P-O匹配的完整内容，本研究认为P-O匹配包括价值观匹配和目标匹配两个维度，采用卡宝等2002年编制的6个题目的英文问卷，其中价值观匹配问卷和目标匹配问卷均为3个，本研究中它们的克伦巴赫α系数分别为0.675、0.808，中文问卷经由3名心理学博士生翻译而成，例如"我生活中的价值观和组织所倡导的价值观相类似"（价值观匹配）、"我个人的目标与组织目标相类似"（目标匹配）。

P-J 匹配问卷：包括"需求-供给""能力-要求"两个维度，采用卡宝等 2002 年编制的 P-J 匹配 6 个项目的英文问卷，"需求-供给""能力-要求"两个分问卷分别包括 3 个项目，克伦巴赫 α 系数分别为 0.811、0.801，中文问卷经由 3 名心理学博士生翻译而成，例如"我对工作的期望和工作所能带给我的具有一致性"（"需求-供给"）、"我所拥有的工作技能正好能满足我的工作需要"（"能力-要求"）。

P-G 匹配问卷：采用赖安等 2009 年编制的 P-G 匹配英文问卷，问卷包括 5 个项目，克伦巴赫 α 系数为 0.686，中文问卷经由 3 名心理学博士生翻译而成，例如"和团队里其他人相处是我工作中最好的部分之一"。

P-S 匹配问卷：P-S 匹配指上下级观点、价值观、目标、意图等之间的深层相似。本研究采用斯博克 2002 年编制的"员工-主管"契合问卷，并加以修订而成。本问卷的信效度在国内研究中得到验证，本研究中该问卷的克伦巴赫 α 系数为 0.832。

（二）员工士气问卷

本研究中员工士气问卷包括员工的组织认同问卷、满意度问卷和工作投入问卷。

（1）组织认同问卷：采用沙米尔等 2004 年制定的测量组织认同图式量表。

（2）满意度问卷：采纳国内学者卢嘉 2001 年开发出的满意度问卷，国内有诸多研究对本问卷的信效度进行了验证（罗杰等，2014）。

（3）工作投入问卷：采用绍费里等 2014 年编制的 Utrecht 工作投入问卷（UWES），问卷包括活力、专注、奉献三个因子，共 16 个项目（Schaufeli，等，2014）。问卷结构在国内已经得到了验证，成就动机、自我效能感对求职行为影响的实证研究（甘媛源，杨化刚，田金亭，余嘉元，2011）在管理界取得了广泛应用。

（三）团队士气问卷

本研究中团队士气问卷包括团队效能感问卷、团队凝聚力问卷和团队满意度问卷。

（1）团队效能感问卷：参考谢霍坚的组织效能量表进行修改而成，问卷保留 5 个项目，在测量方式上，采用 Likert 式五点量表计分，分数越高，表示团队效能越好，比如团队总能完成任务开始时规定的目标。该问卷信效度在国内研究中得到较好的验证。

（2）团队凝聚力问卷亨利团队凝聚力包括"情感一致性""目标一致性""行为一致性"三个维度。团队凝聚力量表来自亨利等1999年开发的量表，共12个项目。该问卷的信效度已经在国内研究中得到验证，本研究综合前人研究结果，对问卷做了修改，保留了其中的10个项目，其中"情感一致性"维度3个项目，"目标一致性"维度4个项目，"行为一致性"维度3个项目。

（3）团队满意度问卷：参考谢霍坚的团队合作满意量表，修改后共保留3个项目，在测量方式上，采用李克特式五点量表计分，分数越高，表示成员间合作满意度越高。

四、研究程序

从北京、浙江、山东、江苏和安徽等地寻找企业的人力资源管理人员，首先，告知他们问卷作答要求，让他们当场发放问卷并当场回收。共调研工作团队50个，发放问卷550份，回收532份。其次，对回收的问卷进行核验，剔除无效问卷46份，余有效问卷486份，有效回收率为88.364%。最后，对回收问卷的数据进行处理。

五、数据处理

采用SPSS 16.0和AMOS 8.0对数据进行描述性统计、相关分析、回归分析等。

第三节 研究结果

一、问卷的信效度分析

首先剔除无效问卷，然后对除人口统计学变量以外的数据进行缺失值和异常值处理，最后对问卷进行信效度分析及进一步的统计分析。

（一）匹配问卷的信效度分析

匹配问卷的信效度已经检验。本研究中各匹配性问卷的信度如下，P-O匹配问卷的内部一致性系数为0.808，P-J匹配问卷的内部一致性系数为0.801，P-G匹配问卷的内部一致性系数为0.686，P-S匹配问卷的内部一致性系数为0.832。各问卷信度系数符合测量学标准。

(二)员工士气问卷的信效度分析

(1)组织认同问卷。

组织认同问卷采用沙米尔等1998制定的测量组织认同图式量表,仅有一个项目,内容效度良好。

(2)工作投入问卷。

对工作投入问卷进行卡伦巴赫α系数检验,总问卷信度为0.919,3个分问卷的信度分别为0.794、0.823、0.708,问卷信度良好。

对工作投入进行验证性因素分析,结果如图5-2所示。模型的拟合指数如下:$\chi^2/df = 2.332$,RMR = 0.045,GFI = 0.910,NFI = 0.929,RFI = 0.921,IFI = 0.948,TLI = 0.927,CFI = 0.948,RMSEA = 0.077。模型拟合良好,问卷具有良好的结构效度。且各潜变量到各个项目的路径系数均显著,问卷具有良好的内敛效度。问卷已经过国内多位专家学者的应用,具有良好的内容效度。

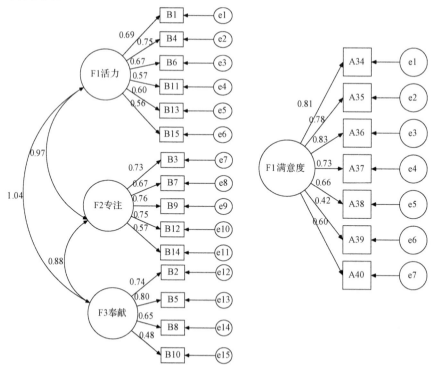

图5-2 工作投入、满意度问卷的验证性因素分析

(3)满意度问卷。

满意度问卷包括5个项目,5个项目的内部一致性系数为0.839,问卷的

信度良好。对满意度问卷进行验证性因素分析,模型的各项拟合指数如下: $\chi^2/\mathrm{df} = 4.532$,RMR = 0.035,GFI = 0.961,NFI = 0.951,RFI = 0.926,IFI = 0.961,TLI = 0.941,CFI = 0.961,RMSEA = 0.091。模型拟合良好,问卷具有良好的结构效度。且满意度潜变量到各个项目的路径系数均显著,问卷具有良好的内敛效度。问卷已经过国内多位专家学者的应用,具有良好的内容效度。

(四)团队士气问卷的信效度分析

(1)"团队士气-团队效能问卷"的信效度检验。

首先,对团队效能问卷进行信度检验,发现团队效能总问卷及团队绩效、团队满意两个分问卷的内部一致性系数分别为 0.896、0.883、0.816。问卷信度良好。其次,对团队效能问卷进行验证性因素分析,检验其效度。根据前人研究,建立团队效能问卷的结构模型。

模型的各项拟合指数如下:$\chi^2/\mathrm{df} = 2.789$,RMR = 0.026,GFI = 0.949,NFI = 0.951,RFI = 0.928,IFI = 0.961,TLI = 0.942,CFI = 0.961,RMSEA = 0.095。模型具有良好的结构效度。另外,团队满意和团队绩效到各项目的路径系数均显著($p < 0.05$),说明问卷有良好的内敛效度。问卷经过了国内外诸多专家的使用与验证,内容效度可以保证。

(2)"团队士气-团队凝聚力"问卷的信效度检验。

首先,对团队凝聚力问卷进行内部一致性系数检验,发现总问卷及3个分问卷的信度分别为 0.874、0.802、0.767、0.861。问卷信度良好。

其次,用验证性因素的方式检验问卷的效度。模型如图 5-3 所示。模型的拟合指数如下:$\chi^2/\mathrm{df} = 2.515$,RMR = 0.025,GFI = 0.962,NFI = 0.959,RFI = 0.943,IFI = 0.975,TLI = 0.965,CFI = 0.975,RMSEA = 0.060。模型拟合良好,问卷的结构效度良好。模型中情感一致、行为一致、目标一致三个潜变量到各自显变量的路径系数均显著($p < 0.05$),说明问卷的内敛效度良好。另外,问卷已经过国内外很多专家学者的引用与验证,内容效度可以保证。

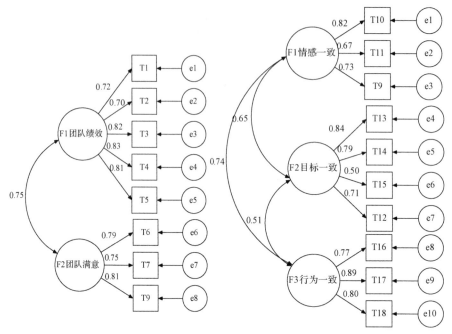

图 5-3 团队效能、团队凝聚力问卷的验证性因素分析

二、老员工匹配及士气现状分析

（1）老员工匹配现状分析。

对老员工的匹配现状进行描述性统计，员工在各种匹配因素及士气方面的得分如表 5-1 所示。

表 5-1 老员工匹配因素及士气的得分描述性统计

名称	P-O 匹配	P-J 匹配	P-G 匹配	P-S 匹配	组织认同	满意度	工作投入
MSD	3.779±0.655	3.644±0.720	4.156±0.541	3.653±0.735	3.724±0.918	3.631±0.671	3.600±0.682

从表 5-1 可以看出，老员工与企业的各种匹配因素都达到 3 分以上，说明员工与企业的各种指标的匹配良好。其中在各种匹配性因素中，P-G 匹配得分最高；其次是 P-O 匹配，P-S 匹配、P-J 匹配得分最低。即老员工感觉工作没有带给他们所要的一切，他们的付出与回报不成正比，比如薪资、社会地位等。

（2）老员工士气现状分析。

从表 5-1 可以看出，被调查的老员工士气都比较高涨，其中老员工对组织的认同程度最高；对组织内晋升制度、组织环境、组织内人际关系、工作本身的满意程度次之；工作投入度最低，这可能因为老员工在工作中兴趣、活力、动力不足，工作易疲劳，且不容易恢复，工作对老员工的吸引力低，这在一定程度上会影响老员工的工作效率，甚至会影响团队或组织的绩效。

（3）老员工团队士气现状分析。

从表5-2可以看出，被调查老员工团队的士气高涨，其中团队凝聚力中目标一致维度得分最高，即被调查的团队具有高度的目标一致性，能深刻地认识到团队共同的目标；其次是团队满意，即老员工对团队氛围、团队效能的满意度很高；再次是团队凝聚力，团队绩效得分最低。这可能因为参与调查的团队不是现实中最优秀的团队。

表5-2 团队士气的描述性统计

	团队凝聚力	情感一致	目标一致	行为一致	团队绩效	团队满意
均值 ± 标准差	4.076 ± 0.578	4.033 ± 0.678	4.283 ± 0.589	3.913 ± 0.798	3.833 ± 0.686	4.154 ± 0.645

三、性别、工作年限、职位对老员工匹配、员工士气、团队士气的影响

由表5-3可以看出，性别对P-J匹配的感知、老员工对组织的认同、老员工对团队凝聚力的感知存在显著影响（$p < 0.05$）。具体表现为男性员工感知到的与工作的匹配程度显著低于女性；男性对组织认同的感知显著低于女性；男性感知到的团队凝聚力显著低于女性。这与伊娃（Eva Cifre）等的研究结论稍有不同。伊娃等的研究认为，在员工满意度和工作投入及匹配感知方面，男女不存在显著差异。但在现实中，男性在匹配性和工作投入方面的表现均要显著高于女性（Cifre, et al., 2013）。这一方面与男女性别本身的差异性有关，另一方面与男女性在后天社会化过程中发展出来的性别认同、性别角色、性别规范等因素也有重要关系。因此，男女暴露在相同的职业中产生不同的职业期待，进而感受到不同的P-J匹配、组织认同和团队凝聚力是非常正常的。

表5-3 性别对老员工匹配因素、士气的影响

	t	男 $M ± SD$	女 $M ± SD$
P-O 匹配	-1.578	3.713 ± 0.656	3.812 ± 0.654
P-J 匹配	-2.454*	3.532 ± 0.695	3.701 ± 0.727
P-G 匹配	-1.671	4.098 ± 0.544	4.180 ± 0.539
P-S 匹配	-1.818	3.568 ± 0.764	3.696 ± 0.717
组织认同	-1.996*	3.607 ± 0.958	3.783 ± 0.893
工作投入	0.082	3.604 ± 0.684	3.598 ± 0.682

续表

	t	男 $M \pm SD$	女 $M \pm SD$
满意度	-1.535	3.566±0.709	3.664±0.650
团队凝聚力	-3.330**	3.955±0.562	4.138±0.577
团队效能	-0.479	3.975±0.616	4.003±0.590

从表5-4可以看出,不同职位的老员工对P-S匹配的感知、工作投入的感知存在显著差异($p<0.05$)。进一步进行事后检验发现,基层领导与普通员工对P-S匹配的感知上存在显著差异($p<0.05$),具体表现为普通员工感知到的P-S匹配显著低于基层领导,这可能与普通员工处于企业的最底层,只有上级没有下级有关,因此感知到的P-S匹配最低;高层领导与其他所有员工差异显著($p<0.05$),具体表现为在P-S匹配的感知上,即在员工与上级匹配的感知上,高层领导的得分要显著高于其他员工,这可能与高层领导没有上级有关,而且高层领导的工作投入度要显著高于其他员工,这可能与高层领导掌握企业重大的决策权有关。在工作投入的感知上,事后检验发现,普通员工的工作投入度要显著低于基层领导、中层领导和高层领导($p<0.05$),而各阶层的领导之间不存在显著差异。这可能与基层员工工作压力大、工作单调乏味有关。

表5-4 职位对老员工匹配因素、员工士气、团队士气的影响

	F	普通员工	基层领导	中层领导	高层领导
P-O 匹配	0.705	3.756±0.614	3.798±0.706	3.890±0.838	3.917±0.713
P-J 匹配	1.758	3.601±0.749	3.750±0.683	3.689±0.528	4.000±0.655
P-G 匹配	0.711	4.139±0.536	4.169±0.513	4.264±0.641	4.150±0.521
P-S 匹配	3.719*	3.602±0.743	3.784±0.605	3.659±0.865	4.313±0.513
组织认同	1.125	3.711±0.868	3.854±0.887	3.555±1.208	3.750±1.466
工作投入	3.554*	3.542±0.697	3.697±0.629	3.786±0.588	4.010±0.766
满意度	2.049	3.611±0.672	3.685±0.663	3.584±0.595	4.161±0.930
团队效能	0.753	3.968±0.600	4.059±0.513	4.059±0.715	4.004±0.730
团队凝聚力	2.512	4.034±0.585	4.176±0.536	4.147±0.581	4.385±0.514

从表5-5可以发现,不同工作年限的老员工在工作投入度与团队凝聚力方面的得分存在显著差异($p<0.05$)。进一步进行事后检验发现,在工作投入方面,2~5年的员工的工作投入度显著低于其他员工($p<0.05$),这可能

是因为 2~5 年的员工中有很大一部分已经开始出现了工作倦怠，而在职业生涯发展方面，他们没有得到应有的晋升，因此，对工作产生了倦怠与反感，另一方面，工作年限为 2~5 年的员工已经对所在岗位所需的技能掌握得非常熟练，所以不存在激情和兴趣有关；在团队凝聚力方面，工作 1~2 年的员工感知到的团队凝聚力要显著高于其他员工（$p < 0.05$），这可能与员工新入职有关，他们经常会接受团体合作及组织文化理念等方面的培训，团队合作意识较高。而且工作 1~2 年的员工之间彼此刚刚熟悉，不愿意过多展露自己的缺陷，因此他们总是将自己好的一面展现给别人，团队成员之间相处融洽，团队凝聚力较高。而随着时间的推移，团队成员之间的冲突也会不断增多。因此，1~2 年的新员工感知到的团队凝聚力最高。

表 5-5　工作年限对老员工与组织匹配、员工士气、团队士气的影响

	F	1~2 年 $M \pm SD$	2~5 年 $M \pm SD$	5 年以上 $M \pm SD$
P-O 匹配	1.487	3.850 ± 0.594	3.718 ± 0.654	3.794 ± 0.688
P-J 匹配	2.217	3.766 ± 0.724	3.589 ± 0.726	3.624 ± 0.707
P-G 匹配	0.101	4.150 ± 0.533	4.170 ± 0.506	4.146 ± 0.581
P-S 匹配	1.455	3.746 ± 0.709	3.596 ± 0.743	3.652 ± 0.740
组织认同	0.697	3.635 ± 0.971	3.753 ± 0.777	3.750 ± 1.007
工作投入	7.897***	3.747 ± 0.654	3.450 ± 0.676	3.657 ± 0.679
满意度	1.743	3.733 ± 0.636	3.610 ± 0.597	3.591 ± 0.750
团队效能	0.485	4.038 ± 0.596	3.967 ± 0.565	3.993 ± 0.631
团队凝聚力	3.212*	4.196 ± 0.542	4.040 ± 0.575	4.040 ± 0.593

四、多边匹配对老员工士气影响的作用机制

（一）多边匹配与老员工士气、团队士气的相关分析

从表 5-6 可以看出，员工与组织的多边匹配均与老员工士气、团队士气的各个维度存在不同程度的显著正相关（$p < 0.05$）。人口统计学因素与老员工、团队士气的各个维度基本不存在显著相关。因此，可以进行下一步的回归分析。

表 5-6　多边匹配与老员工士气、团队士气的相关分析

	P-O 匹配	P-J 匹配	P-G 匹配	P-S 匹配	组织认同	工作投入	满意度	团队效能	团队凝聚力
P-O 匹配	(0.816)								
P-J 匹配	0.673**	(0.843)							
P-G 匹配	0.548**	0.506**	(0.686)						
P-S 匹配	0.571**	0.632**	0.430**	(0.832)					
组织认同	0.398**	0.386**	0.405**	0.276**	(0.919)				
工作投入	0.556**	0.577**	0.462**	0.523**	0.340**	(0.839)			
满意度	0.550**	0.613**	0.466**	0.576**	0.407**	0.591**	(1.000)		
团队效能	0.513**	0.506**	0.558**	0.453**	0.380**	0.629**	0.609**	(0.896)	
团队凝聚力	0.509**	0.507**	0.594**	0.469**	0.396**	0.594**	0.561**	0.760**	(0.874)
性别	0.072	0.111*	0.076	0.082	0.090*	-0.004	0.070	0.022	0.150**
工作年限	-0.021	-0.065	-0.007	-0.039	0.043	-0.023	-0.076	-0.023	-0.095*
职位	0.065	0.087	0.055	0.110*	-0.008	0.146**	0.057	0.057	0.112*

（二）多边匹配对老员工士气影响的回归分析

鉴于员工与组织匹配的多个因素与老员工、团队士气存在不同程度的显著正相关，因此，进行多元回归分析，逐步检验各种匹配因素对老员工、团队士气的预测效应。

从表 5-7 可以看出，在控制了人口统计学变量的基础上，除 P-S 匹配对老员工组织认同的预测效应不显著之外，P-O 匹配、P-J 匹配、P-G 匹配和 P-S 匹配对老员工士气的预测效应均呈现不同程度的显著。验证了假设 1。

表 5-7　多边匹配对老员工士气影响的分层回归分析

自变量的顺序		组织认同			满意度			工作投入		
		β	F	ΔR²	β	F	ΔR²	β	F	ΔR²
第一步:性别、职位、工作年限	性别	0.096	1.837	0.011	0.072	2.929*	0.018*	0.012	4.354**	0.026**
	职位	0.059			-0.097*			-0.073		
	工作年限	-0.012*			0.097*			0.170***		
第二步:P-O 匹配	性别	0.064	24.189***	0.156***	0.029	53.909***	0.292***	-0.032	57.731***	0.298***
	职位	0.074			-0.076			-0.053		
	工作年限	-0.047			0.049			0.122		
	P-O 匹配	0.398***			0.543***			0.549***		

续表

自变量的顺序		组织认同			满意度			工作投入		
		β	F	ΔR²	β	F	ΔR²	β	F	ΔR²
第三步:P-J 匹配	性别	0.049	23.187***	0.027***	0.000	67.308***	0.103***	-0.056	63.029***	0.072***
	职位	0.089*			-0.048			-0.028		
	工作年限	-0.064			0.017			0.094*		
	P-O 匹配	0.249***			0.253***			0.306***		
	P-J 匹配	0.225***			0.438***			0.366***		
第四步:P-G 匹配	性别	0.044	23.994***	0.037***	-0.004	59.851***	0.016***	-0.060	56.377***	0.018***
	职位	0.084*			-0.050			-0.031		
	工作年限	-0.065			0.016			0.093*		
	P-O 匹配	0.160**			0.194***			0.245***		
	P-J 匹配	0.167**			0.399***			0.326***		
	P-G 匹配	0.235***			0.157***			0.163***		
第五步:P-S 匹配	性别	0.044	20.568***	0.000	-0.009	59.360***	0.037***	-0.063	51.970***	0.018***
	职位	0.084*			-0.045			-0.027		
	工作年限	-0.064			0.000			0.082*		
	P-O 匹配	0.166**			0.134**			0.202***		
	P-J 匹配	0.178**			0.290***			0.249***		
	P-G 匹配	0.237***			0.136**			0.148**		
	P-S 匹配	-0.026			0.257***			0.182***		

1. P-J 匹配的中介效应分析

以 P-O 匹配为自变量,P-J 匹配为中介变量,组织认同、满意度、工作投入为因变量,建立多重中介模型。模型如图 5-4 所示。

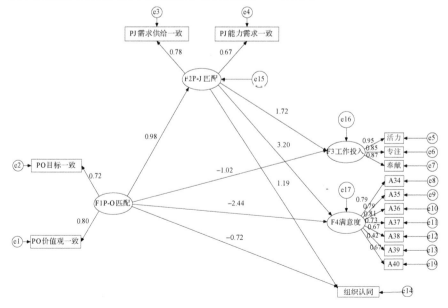

图 5-4 多重中介模型

模型拟合指数如下：$\chi^2/df = 2.643$，RMR = 0.023，GFI = 0.942，NFI = 0.946，RFI = 0.933，IFI = 0.966，TLI = 0.957，CFI = 0.966，RMSEA = 0.058。模型拟合良好。通过路径系数可以看出：① P-O 匹配到 P-J 匹配的路径系数依旧显著（$p<0.001$），P-J 匹配到满意度的路径系数依旧显著（$p<0.05$），但 P-O 匹配到满意度的路径系数则不显著（$p>0.05$），由此得出结论，P-J 匹配在 P-O 匹配对老员工满意度的影响中起完全中介效应；② P-O 匹配到 P-J 匹配的路径系数依旧显著（$p<0.001$），P-J 匹配到工作投入的路径系数依旧显著（$p<0.01$），但 P-O 匹配到工作投入的路径系数不显著（$p>0.05$），由此得出结论，P-J 匹配在 P-O 匹配对老员工工作投入的影响中起完全中介效应；③ P-O 匹配到 P-J 匹配的路径系数依旧显著（$p<0.001$），P-J 匹配到组织认同的路径系数依旧显著（$p<0.01$），但 P-O 匹配到组织认同的路径系数不显著（$p>0.05$），由此得出结论，P-J 匹配在 P-O 匹配对老员工组织认同的影响中起完全中介效应。验证了假设 2。

2. P-G 匹配、P-S 匹配的调节效应分析

根据研究假设，检验 P-G 匹配、P-S 匹配在 P-O 匹配、P-J 匹配对老员工士气影响中的调节作用。为消除变量间共线性的消极影响，各变量均经过了中心化（原始数据减去平均值）处理，交互效应项采用艾肯（Aiken）和西（West）所建议的将有关变量中心化后再相乘的方法得到。

从表 5-8 可以看出，在控制了人口统计学变量后，在多重匹配对老员工组织认同的影响中，模型二和模型三的回归方程均显著，R^2 改变量也显著。模型三的交互项中只有"P-G 匹配×P-O 匹配"交互项的回归系数显著，即 P-G 匹配在 P-O 匹配对组织认同的影响中调节效应显著（$p<0.05$），P-G 匹配在 P-J 匹配对老员工组织认同影响中的调节效应不显著、P-S 匹配在 P-O 匹配、P-J 匹配对老员工组织认同的影响中调节效应不显著（$p>0.05$）。进一步进行简单斜率分析（图 5-5），发现：P-G 匹配较好的老员工，不会轻易受到 P-O 匹配程度好坏的影响，即不管 P-O 匹配程度如何，P-G 匹配较好的老员工均保持较高的组织认同水平；而 P-G 匹配较差的老员工极容易受到 P-O 匹配是否良好的影响，具体表现为 P-O 匹配较好的员工拥有较高的组织认同水平，而 P-O 匹配较差的老员工其组织认同水平较低。由此可以得出结论，P-G 匹配在 P-O 匹配对老员工组织认同的影响中起调节作用，能缓解因 P-O 匹配不良带来的组织认同低的现象。假设 3 部分得到验证。

表 5-8 P-G 匹配、P-S 匹配的调节作用分析

自变量的顺序	组织认同 β			满意度 β			工作投入 β		
	模型一	模型二	模型三	模型一	模型二	模型三	模型一	模型二	模型三
第一步:性别	0.096 *	0.044	0.050	0.072	-0.009	-0.013	0.012	-0.063	-0.051
工作年限	0.059	0.084 *	0.086 *	-0.097	-0.045	-0.040	-0.073	-0.027	-0.022
职位	-0.012	-0.064	-0.050	0.097	0.000	0.008	0.170 ***	0.082 *	0.084 *
第二步:P-O 匹配		0.166 **	0.109		0.257 ***	0.271 ***		0.202 ***	0.202 ***
P-J 匹配		0.178 **	0.190 **		0.136 **	0.108 *		0.249 ***	0.239 ***
P-G 匹配		-0.026	-0.016		0.290 ***	0.307 ***		0.148 **	0.139 ***
P-S 匹配		0.237 ***	0.212 ***		0.134 **	0.119 **		0.182 ***	0.227 ***
第三步:P-O 匹配 × P-G 匹配			-0.187 **			-0.091			0.005
P-J 匹配 × P-G 匹配			0.072			-0.039			0.178 **
P-O 匹配 × P-S 匹配			-0.001			0.094			0.016
P-J 匹配 × P-S 匹配			0.106			0.023			-0.080
F	1.837	20.568 ***	15.815 ***	2.929 *	59.360 ***	38.606 ***	4.354 **	51.970 ***	35.020 ***
ΔR^2	0.011	0.220 ***	0.251 ***	0.018 *	0.447 ***	0.008	0.026 **	0.406 ***	0.016 **

在多边匹配对老员工满意度的影响中发现,在增加了 P-J 匹配、P-O 匹配与 P-G 匹配、P-S 匹配的交互项后,回归方程依旧显著($p < 0.05$),但是 R^2 改变量不显著了($p > 0.05$),进一步考察发现"P-O 匹配 × P-G 匹配""P-J 匹配 × P-G 匹配""P-O 匹配 × P-S 匹配""P-J 匹配 × P-S 匹配"交互项的回归系数也不显著($p > 0.05$),由此可以得出结论,P-G 匹配、P-S 匹配在 P-J 匹配、P-O 匹配对老员工满意度影响中的调节效应不显著。

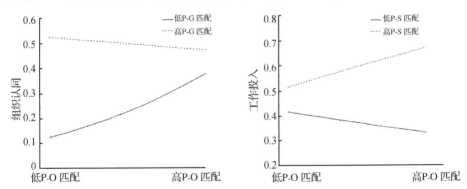

图 5-5 P-G 匹配、P-S 匹配在 P-O 匹配对老员工组织认同、工作投入影响中的调节效应

在多边匹配对老员工工作投入的影响中发现,"P-O 匹配 × P-S 匹配"交互项的回归系数显著,因此,P-S 匹配在 P-O 匹配对老员工工作投入的影响中起调节作用。具体表现为:具有高水平 P-S 匹配的老员工其工作投入水平一

直处于较高的水平,且会随着 P-O 匹配水平的提高而提高,但 P-S 匹配较差的老员工,其工作投入会随着 P-O 匹配水平的升高而降低;这也从另外的角度说明了 P-S 匹配对老员工工作投入影响的重要性。即便老员工与组织匹配得很好,如果老员工与领导匹配得较差,那么他的工作投入度也会很低。因此,P-S 匹配在 P-O 匹配对老员工工作投入的影响中起到调节作用,假设 4 得到部分验证。

3. 有中介的调节效应分析

(1) 检验 P-G 匹配在 P-O 匹配、P-J 匹配对老员工组织认同影响中有中介的调节效应。

根据有中介的调节效应的检验程序,首先,检验 P-G 匹配在 P-O 匹配对员工组织认同影响中的调节效应,已经检验过所以省略;其次,在控制人口统计学变量的基础上,以 P-J 匹配为因变量,以 P-O 匹配、P-G 匹配及"P-O 匹配×P-G 匹配"为自变量建立回归方程,检验"P-O 匹配×P-G 匹配"交互项的回归系数,发现回归方程显著($F=78.975^{***}$),"P-O 匹配×P-G 匹配"交互项的回归系数显著($\beta=0.094^{**}$);再次,在控制人口统计学变量的基础上,以组织认同为因变量,P-O 匹配、P-J 匹配、P-G 匹配、"P-O 匹配×P-G 匹配"为自变量建立回归方程,发现回归方程显著($F=24.216^{***}$),P-J 匹配的回归系数显著($\beta=-0.197^{***}$),"P-O 匹配×P-G 匹配"交互项的回归系数显著($\beta=-0.188^{***}$),由此可以得出结论,P-G 匹配在 P-O 匹配对老员工组织认同影响中的调节效应部分受到 P-J 匹配中介变量的影响。

(2) 检验 P-S 匹配在 P-O 匹配、P-J 匹配对老员工工作投入影响中有中介的调节效应。

根据有中介的调节效应的检验程序,检验 P-S 匹配在 P-O 匹配、P-J 匹配对老员工工作投入影响中的中介调节效应。第一步,证明 P-S 匹配在 P-O 匹配对老员工工作投入影响中的调节效应显著(已得到证明,因此,直接进行第二步的检验);第二步,在控制人口统计学变量的前提下,以 P-O 匹配、P-S匹配及"P-O 匹配×P-S 匹配"为自变量,P-J 匹配为因变量建立回归方程,检验交互项的回归系数,检验发现回归方程显著($F=97.711^{***}$),但交互项的回归系数不显著($\beta=0.026$),因此,停止有中介的调节效应的分析与检验。即 P-S 匹配在 P-O 匹配对老员工工作投入的影响中存在调节效应,但不是有中介的调节变量。

(三) 多边匹配对老员工士气影响的作用机制

根据 P-O 匹配、P-J 匹配、P-G 匹配和 P-S 匹配对老员工士气影响的中介和调节作用建立多边匹配对老员工士气影响的作用模型（图 5-6）。

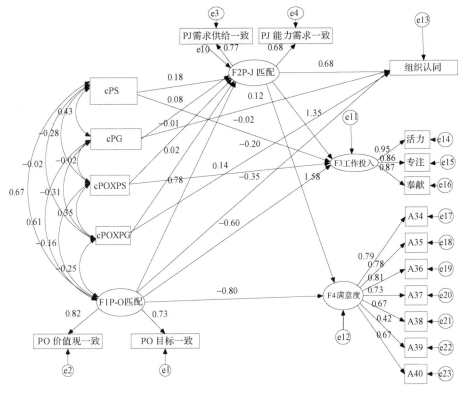

图 5-6 多边匹配对老员工士气影响的作用机制

模型拟合指数如下：$\chi^2/df = 2.377$，RMR = 0.022，GFI = 0.930，NFI = 0.932，IFI = 0.957，TLI = 0.944，CFI = 0.966，RMSEA = 0.053。模型拟合良好。通过路径系数可以看出：①模型中 P-O 匹配到组织认同的路径系数不显著，P-J 匹配到组织认同的路径系数显著，因此，P-O 匹配对组织认同的影响完全通过 P-J 匹配起作用，即 P-J 匹配在 P-O 匹配对老员工组织认同影响中起完全中介作用，但是 P-O 匹配到工作投入、满意度的路径系数显著，因此，进行 sobel 检验，sobel（工作投入）= 3.992 > 0.97，sobel 检验显著，sobel（满意度）= 4.150 > 0.97，sobel 检验显著，所以 P-J 匹配在 P-O 匹配对老员工工作投入和满意度的影响中起部分中介作用，即 P-O 匹配既可以直接影响老员工的组织认同、工作投入和满意度，又可以通过 P-J 匹配的间接作用来影响其组织认同、工作投入与满意度。假设 1、2 得到验证。②"P-O 匹配 × P-S 匹配""P-O 匹配 × P-G 匹配"到 P-J 匹配的路径系数不显著，因此，P-S 匹配和 P-G 匹配在 P-O 匹配对员工组织认同和工作投入中的调节效应没有受到 P-J 匹配的影响，P-S 匹配和 P-G 匹配不是有中介的调节变量。

如表 5-9 所示，模型中 P-J 匹配在 P-O 匹配对员工组织认同影响中的中介效应占总效应的 47.119%，即（0.528 + 0.055 + 0.014）/（0.528 + 0.055 + 0.014 + 0.345 + 0.121 + 0.204）= 47.119%。

表 5-9　模型中组织认同为结果变量的路径系数

预测变量	W P-J 匹配	X P-O 匹配	M P-G 匹配	XM P-O 匹配 × P-G 匹配
对 Y 的直接效应（组织认同）	0.677	−0.345	0.121	−0.204
对 W 的直接效应（P-J 匹配）		0.780	0.081	0.020
经过 W 对 Y 的中介效应		0.528	0.055	0.014

如表 5-10 所示，模型中 P-J 匹配在 P-O 匹配对老员工工作投入影响中的中介效应占总效应的 63.337%，即（1.053 + 0.239 + 0.014）/（1.053 + 0.239 + 0.014 + 0.600 + 0.020 + 0.136）= 63.337%。

同理，如表 5-11 所示，模型中 P-J 匹配在 P-O 匹配对老员工满意度影响中不存在调节变量，因此，其中介效应占总效应的 60.340%，即 1.217/（1.217 + 0.800）= 60.340%。

表 5-10　模型中工作投入为结果变量的路径系数

预测变量	W P-J 匹配	X P-O 匹配	M P-G 匹配	XM P-O 匹配 × P-G 匹配
对 Y 的直接效应（工作投入）	1.350	−0.600	−0.020	0.136
对 W 的直接效应（P-J 匹配）		0.780	0.177	−0.010
经过 W 对 Y 的中介效应		1.053	0.239	−0.014

表 5-11　模型中满意度为结果变量的路径系数

预测变量	W（P-J 匹配）	X（P-O 匹配）
对 Y 的直接效应（满意度）	1.560	−0.800
对 W 的直接效应（P-J 匹配）		0.780
经过 W 对 Y 的中介效应		1.217

为解释混合模型中的调节效应，写出 W 和 Y 对各自预测变量的回归方程：

P-J 匹配 = 0.780P-O 匹配 + 0.081P-G 匹配 + 0.177P-S 匹配 + 0.020P-O 匹配 × P-G 匹配 − 0.010P-O 匹配 × P-S 匹配 + 0.033　　　　(1)

组织认同 = 0.677P-J 匹配 − 0.345P-O 匹配 + 0.121P-G 匹配 + 0.204P-O

匹配 × P-G 匹配 + 0.589 　　　　　　　　　　　　　　　　　　　　　　(2)

工作投入 = 1.350P-J 匹配 − 0.600P-O 匹配 − 0.020P-S 匹配 + 0.136P-O 匹配 × P-S 匹配 + 0.173 　　　　　　　　　　　　　　　　　　　　　　(3)

将(1)代入方程(2)(3)，整理得：

组织认同 = (0.183 + 0.218P-G 匹配 − 0.007P-S 匹配)P-O 匹配 + 0.175P-G 匹配 + 0.120P-S 匹配 + 0.611 　　　　　　　　　　　　　　　　　　　(4)

工作投入 = (0.453 + 0.027P-G 匹配 + 0.150P-S 匹配)P-O 匹配 + 0.219P-S 匹配 + 0.109P-G 匹配 + 0.218 　　　　　　　　　　　　　　　　　　(5)

从方程（4）（5）可以看出，在拥有 P-G 匹配和 P-S 匹配的调节模型中，组织认同、工作投入对 P-O 匹配的回归系数是调节变量 P-G 匹配和 P-S 匹配的线性函数。而从（4）可以看出，混合模型中 P-G 匹配对 P-O 匹配对组织认同的影响具有正向调节效应（0.218），而 P-S 匹配具有负向调节效应，且 P-S 匹配的负向调节效应不显著，即 P-G 匹配较好的老员工均保持较高的组织认同水平，且随着 P-O 匹配得分的升高，其组织认同程度持续升高；而 P-G 匹配较差的老员工极易受到 P-O 匹配是否良好的影响，具体表现为 P-O 匹配较好的老员工拥有较高的组织认同水平，而 P-O 匹配较差的老员工其组织认同水平较低，也就是说，不管 P-G 匹配程度如何，只要有较高的 P-O 匹配水平，老员工的组织认同水平就很高。从（5）可以看出，混合模型中 P-G 匹配、P-S 匹配对 P-O 匹配对工作投入的影响具有正向调节效应，且 P-S 匹配（0.150）的正向调节效应显著高于 P-G 匹配（0.027），P-G 匹配的正向调节效应不显著，即具有高水平 P-S 匹配的老员工其工作投入水平一直处于较高的状态，且会随着 P-O 匹配水平的提高而提高，但 P-S 匹配较差的老员工，其工作投入会随着 P-O 匹配水平的升高而降低。

五、多边匹配对老员工团队士气的影响

（一）多边匹配对老员工团队士气影响的回归分析

鉴于老员工与组织匹配的多个因素与老员工团队士气存在不同程度的显著正相关，因此，进行多元回归分析，逐步检验各种匹配因素对老员工团队士气的预测效应。

从表 5-12 可以看出，在控制了人口统计学变量的基础上，P-O 匹配、P-J 匹配、P-G 匹配和 P-S 匹配对老员工团队士气的预测效应均呈现不同程度的显著正相关（$p < 0.05$）。假设 5 得到验证。

表5-12 多边匹配对老员工团队士气影响的分层回归分析

自变量的顺序		团队效能			团队凝聚力		
		β	F	ΔR²	β	F	ΔR²
第一步：性别、职位、工作年限	性别	0.096	0.934	0.006	0.159	9.435***	0.055***
	职位	0.059			-0.129**		
	工作年限	-0.012*			0.174		
第二步：P-O匹配	性别	0.064	43.160***	0.258***	0.120**	49.557***	0.236***
	职位	0.074			-0.110**		
	工作年限	-0.047			0.131**		
	P-O匹配	0.398***			0.489***		
第三步：P-J匹配	性别	0.049	43.451***	0.047***	0.102**	47.564***	0.039***
	职位	0.089*			-0.092*		
	工作年限	-0.064			0.111**		
	P-O匹配	0.249***			0.309***		
	P-J匹配	0.225***			0.271***		
第四步：P-G匹配	性别	0.044	52.489***	0.085***	0.092*	63.475***	0.112***
	职位	0.084*			-0.100*		
	工作年限	-0.065			0.108**		
	P-O匹配	0.160**			0.154**		
	P-J匹配	0.167**			0.170**		
	P-G匹配	0.235***			0.410***		
第五步：P-S匹配	性别	0.044	46.485***	0.008*	0.090*	56.500***	0.010**
	职位	0.084*			-0.097**		
	工作年限	-0.064			0.100**		
	P-O匹配	0.166**			0.123**		
	P-J匹配	0.178**			0.113*		
	P-G匹配	0.237***			0.399***		
	P-S匹配	-0.026			0.133**		

（二）中介效应分析

检验P-J匹配在P-O匹配对老员工团队效能、团队凝聚力影响中的中介作用。模型如图5-7所示。

模型拟合指数如下：$\chi^2/df = 2.786$，RMR = 0.034，GFI = 0.911，NFI =

0.908，IFI = 0.925，TLI = 0.903，CFI = 0.925，RMSEA = 0.088。模型拟合良好。

从模型拟合的结果可以看出，模型中各路径的路径系数均显著，因此，需要进行 sobel 检验，证实 P-J 匹配在 P-O 匹配对老员工团队效能和团队凝聚力影响中的中介效应。根据 sobel 检验公式，可以得出以下结论：（1）P-J 匹配在 P-O 匹配对老员工团队效能影响中的 sobel = 2.959 > 0.97，因此，sobel 检验显著，P-J 匹配在 P-O 匹配对老员工团队效能的影响中起部分中介作用，中介效应占总效应的 48.833%；（2）P-J 匹配在 P-O 匹配对老员工团队凝聚力影响中的 sobel = 3.053 > 0.97，因此，sobel 检验显著，P-J 匹配在 P-O 匹配对老员工团队凝聚力的影响中起部分中介作用，中介效应占总效应的 = 53.021%。假设 6 得到验证。

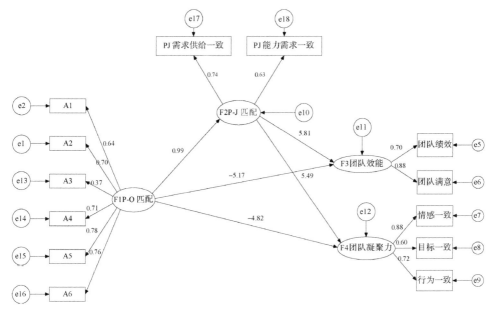

图 5-7　P-J 匹配在 P-O 匹配对老员工团队士气影响中的中介作用分析

（三）调节效应分析

检验 P-G 匹配、P-S 匹配在 P-O 匹配、P-J 匹配对老员工团队士气中调节效应。各变量去中心化后进行多层次回归分析。具体见表 5-13。

表 5-13　P-G 匹配、P-S 匹配在 P-O 匹配、P-J 匹配对老员工团队士气中的调节效应

自变量的顺序	团队效能			团队凝聚力		
第一步:性别	0.027	-0.044	-0.029	0.159***	0.090*	0.100**
工作年限	-0.042	-0.007	0.001	-0.129**	-0.097**	-0.098**
职位	0.074	-0.003	0.015	0.174***	0.100**	0.102**
第二步:P-O 匹配		0.150**	0.093		0.123*	0.102*
P-J 匹配		0.157**	0.168**		0.113*	0.103*
P-G 匹配		0.348***	0.320***		0.399***	0.411***
P-S 匹配		0.123**	0.178***		0.133**	0.137**
第三步:P-O 匹配 × P-G 匹配			-0.201***			-0.031
P-J 匹配 × P-G 匹配			0.143**			0.042
P-O 匹配 × P-S 匹配			0.171***			0.084
P-J 匹配 × P-S 匹配			-0.148*			-0.173**
F	0.934	46.485***	32.602***	9.435**	56.500***	37.381***
ΔR^2	0.006	0.399***	0.026**	0.055***	0.397***	0.012*

由表 5-13 可以看出，各回归方程显著，P-O 匹配×P-G 匹配、P-J 匹配×P-G 匹配、P-O 匹配×P-S 匹配、P-J 匹配×P-S 匹配各交互项的回归系数均显著，因此，P-G 匹配、P-S 匹配在 P-O 匹配、P-J 匹配对老员工团队效能影响中的调节效应显著，P-S 匹配在 P-J 匹配对老员工团队凝聚力影响中的调节效应显著。假设 7 和假设 8 得到部分验证。进一步通过简单斜率分析来考察其调节效应（图 5-8）。

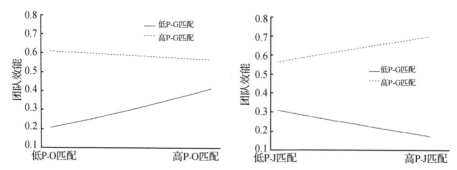

图 5-8　P-G 匹配在 P-O 匹配、P-J 匹配对老员工团队效能影响中的调节效应

（1）P-G 匹配在 P-O 匹配对老员工团队效能影响中的调节效应。

由图 5-8 可以发现，高 P-G 匹配的员工感知到的团队效能一直处于较高水平，且不容易受到 P-O 匹配程度的影响，而低 P-G 匹配的老员工其团队效

能很容易受到P-O匹配，表现为随着P-O匹配的升高感知到的团队效能更高，即P-G匹配缓解了P-O匹配对老员工感知到的团队效能的影响，在P-O匹配对老员工团队效能的影响中起到调节作用。

（2）P-G匹配在P-J匹配对老员工团队效能影响中的调节效应。

由图5-8可以看出，具有高P-G匹配的老员工感知到的团队效能均处于较高的水平，且随着P-J匹配水平的升高而升高，即当个体感知到与团队有较高的匹配水平时，其与工作匹配得越好，其感知到的团队效能水平越高。但是低P-G匹配的老员工在P-J匹配高的情况下感知到的团队效能低，而在P-J匹配低的情况下感知到的团队效能高。即处于不同P-G匹配水平的老员工，P-J匹配对其感知到的团队效能的影响效应不一样。对于P-G匹配较差的老员工来说，他们与工作匹配越好，感知到的团队效能越低，即团队中工作技能很强、工作效率很高，但是与团队匹配较差的老员工会对团队的绩效等方面产生不满意情绪，以至于觉得团队效能很低，但那些与团队和工作匹配较差的人反而会觉得团队的效能不错，这可能与他们本身对团队效能的期望比较低有关。即P-G匹配在P-J匹配对团队效能的影响中起到调节作用，高P-G匹配可以缓解P-J匹配对团队效能感知的影响。

（3）P-S匹配在P-O匹配对老员工团队效能影响中的调节效应。

由图5-9可以看出，高P-S匹配的老员工感知到的团队效能会随着P-O匹配水平的提高而提高，但是低P-S匹配的老员工感知到的团队效能会随着P-O匹配水平的提高而降低。即老员工在感知到与领导匹配不好的情况下，如果他感到与组织匹配得好，那么就会感觉团队效能很差；如果感觉到与组织匹配得也很差，那么就会感觉团队效能还可以。因此，与组织和领导都匹配得好的老员工，其感知到的团队效能最高；与组织匹配的好，但是与领导匹配的不好的老员工，则感觉团队效能最差。这也从另一个角度说明了员工与领导的匹配对员工感知到的团队效能具有重大的影响。因此，也可以看出与组织匹配的好坏对老员工团队效能感知的影响会受到与领导匹配好坏的调节。即P-S匹配在P-O匹配对老员工团队效能的影响中起调节作用，低P-S匹配负向影响P-O匹配对团队效能的感知。

（4）P-S匹配在P-J匹配对老员工团队效能影响中的调节效应。

由图5-9可以看出，高水平P-S匹配的老员工，其感知到的团队效能不容易受到P-J匹配的影响；而低水平P-S匹配的老员工感知到的团队效能会随着P-J匹配水平的提高而提高，即在P-J匹配较差的情况下其感知到的团队效能较低，在P-J匹配较好的情况下，其感知到的团队效能较高。即P-S匹配可以缓解 P-J 匹配对老员工感知到的团队效能的影响。

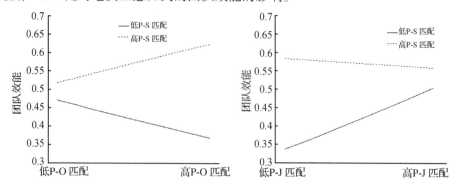

图 5-9　P-S 匹配在 P-O 匹配、P-J 匹配对老员工团队效能影响中的调节效应

（5）P-S 匹配在 P-J 匹配对老员工团队凝聚力影响中的调节效应。

由图 5-10 可以看出，高 P-S 匹配水平的老员工感知到的团队凝聚力处于较高水平，且不容易受到 P-J 匹配水平的影响；低 P-S 匹配水平的老员工在 P-J 匹配较低的情况下感知到的团队凝聚力低，在 P-J 匹配高的情况下感知到的团队凝聚力高，即 P-S 匹配较差的老员工其感知到的团队凝聚力会随着 P-J 匹配的提高而提高。即 P-S 匹配可以缓解 P-J 匹配对老员工感知到的团队凝聚力的影响。高 P-J 匹配水平可以弥补因 P-S 匹配较差而带来的团队凝聚力感知较差的现象。

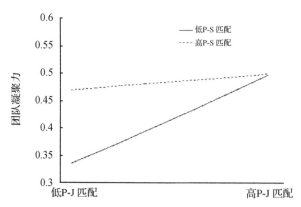

图 5-10　P-S 匹配在 P-J 匹配对老员工团队凝聚力影响中的调节效应

（四）有中介的调节效应分析

P-G 匹配、P-S 匹配有中介的调节效应分析。

首先，检验 P-G 匹配、P-S 匹配在 P-O 匹配对老员工感知到的团队效能影响中的调节效应，这个已检验，见图 5-7、图 5-9。其次，以 P-O 匹配、P-G 匹配、P-S 匹配、"P-O 匹配×P-G 匹配""P-O 匹配×P-S 匹配"为自变量，

P-J 匹配为因变量建立回归方程，检验交互项系数的显著性，发现回归方程显著($F = 77.048^{***}$)，但"P-O 匹配×P-G 匹配"($\beta = 0.045^{*}$)"P-O 匹配×P-S 匹配"($\beta = -0.006$)交互项的回归系数均不显著，因此，停止有中介的调节效应检验。

（五）有调节的中介效应分析

（1）P-J 匹配对老员工团队效能的影响。

根据有调节的中介效应检验程序，检验 P-J 匹配在 P-O 匹配、P-G 匹配、P-S 匹配对老员工感知到的团队效能影响中是否是有调节的中介变量。第一步，检验 P-J 匹配在 P-O 匹配对老员工感知到的团队效能影响中的中介效应显著，已检验，因此，直接进入第二步，在控制人口统计学变量的基础上，以团队效能为因变量，P-O 匹配、P-J 匹配、P-G 匹配、P-S 匹配、"P-J 匹配×P-G 匹配""P-J 匹配×P-S 匹配"为自变量建立回归方程，结果发现：回归方程显著($F = 36.104^{***}$)，但"P-J 匹配×P-G 匹配""P-J 匹配×P-S 匹配"交互项的系数不显著($\beta_1 = 0.061, \beta_2 = 0.034$)，因此，P-J 匹配在以团队效能为因变量的回归方程中不是有调节的中介变量。

（2）P-J 匹配对老员工团队凝聚力的影响。

检验 P-J 匹配在 P-O 匹配、P-S 匹配对老员工感知到的团队凝聚力影响中是否是有调节的中介变量。第一步，检验 P-J 匹配在 P-O 匹配对老员工感知到的团队凝聚力影响中的中介效应显著，已检验，因此，直接进入第二步，在控制人口统计学变量的基础上，以团队凝聚力为因变量，P-O 匹配、P-J 匹配、P-S 匹配、"P-J 匹配×P-S 匹配"为自变量建立回归方程，结果发现：回归方程显著($F = 37.017^{***}$)，但"P-J 匹配×P-S 匹配"交互项的系数不显著($\beta = -0.061$)，因此，P-J 匹配在以团队凝聚力为因变量的回归方程中不是有调节的中介变量。

（六）多边匹配对老员工团队士气影响的作用机制

根据回归分析、中介和调节效应分析的结果及研究假设，建立多边匹配对老员工团队士气影响的整合模型（图5-11）。

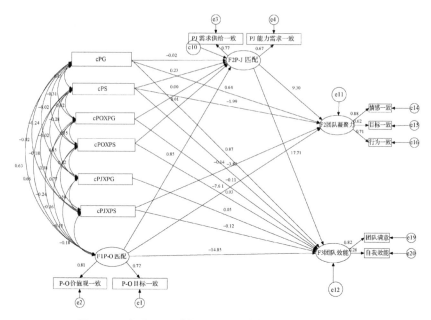

图 5-11　多边匹配对老员工团队士气影响的作用机制

模型拟合指数如下：$\chi^2/\mathrm{df} = 2.917$，RMR $= 0.018$，GFI $= 0.943$，NFI $= 0.941$，IFI $= 0.955$，TLI $= 0.916$，CFI $= 0.955$，RMSEA $= 0.078$。模型拟合良好。

通过模型中的路径系数可以看出：① P-O 匹配到团队效能、P-O 匹配到团队凝聚力、P-J 匹配到团队效能、P-J 匹配到团队凝聚力的路径系数均不显著，因此，进行 sobel 检验，sobel（团队凝聚力）$= 1.545 > 0.97$，sobel 检验显著，P-O 匹配部分通过 P-J 匹配对团队凝聚力起作用，sobel（团队效能）$= 3.210 > 0.97$，sobel 检验显著，因此，P-O 匹配部分通过 P-J 匹配对团队效能起作用；② "P-O 匹配 × P-G 匹配""P-O 匹配 × P-S 匹配"到 P-J 匹配的路径系数不显著，因此，P-G 匹配、P-S 匹配在 P-O 匹配对团队凝聚力、团队效能影响中的调节作用没有通过 P-J 匹配来实现，P-G 匹配、P-S 匹配不是有中介的调节变量；③ "P-J 匹配 × P-S 匹配""P-J 匹配 × P-G 匹配"到团队效能的路径系数均不显著，因此，P-J 匹配在对团队效能的影响中不存在调节效应，P-J 匹配不是有调节的中介变量；④ "P-J 匹配 × P-S 匹配"到团队凝聚力的路径系数显著，P-J 匹配到团队凝聚力的路径系数不显著，因此，P-J 匹配在 P-O 匹配对团队凝聚力的影响中不仅起到中介效应，这种中介效应还会受到 P-S 匹配的调节，因此，P-J 匹配是有调节的中介变量。

由表 5-14 可以看出，整合模型中到团队凝聚力结果变量的中介效应占总效应的 50.286%，即（10.151 + 0.233 + 1.724 + 0.275）／（10.151 + 0.233 +

1.724+0.275+9.803+0.708+1.613+0.118）＝50.286%。

表5-14 模型中到团队凝聚力结果变量的路径系数

预测变量	W P-J 匹配	X P-O 匹配	M P-G 匹配	M P-S 匹配	UM P-J 匹配× P-S 匹配	XM P-O 匹配× P-G 匹配	XM P-O 匹配× P-S 匹配
对Y的直接效应(团队凝聚力)	8.327	-9.803	0.708	1.613	0.118		
对W的直接效应(P-J匹配)		1.219	-0.028	0.207	0.033	-0.006	0.010
经过W对Y的中介效应		10.151	-0.233	1.724	0.275		

由表5-15可以看出，整合模型中到团队效能结果变量的中介效应占总效应的50.309%，即（17.256＋0.396＋2.930＋0.467＋0.085＋0.142）／（17.256＋0.396＋2.930＋0.467＋0.085＋0.142＋17.082＋0.851＋2.773＋0.094＋0.060＋0.129＋0.026）＝50.309%。

表5-15 模型中到团队效能结果变量的路径系数

预测变量	W P-J 匹配	X P-O 匹配	M P-G 匹配	M P-S 匹配	UM P-J 匹配× P-S 匹配	UM P-J 匹配× P-G 匹配	XM P-O 匹配× P-G 匹配	XM P-O 匹配× P-S 匹配
对Y的直接效应(团队效能)	14.156	-17.082	0.851	-2.773	-0.094	0.060	-0.129	0.026
对W的直接效应(P-J匹配)		1.219	-0.028	0.207	0.033		-0.006	0.010
经过W对Y的中介效应		17.256	-0.396	2.930	0.467		-0.085	0.142

整合模型中的调节效应：

P-J 匹配 ＝1.219P-O 匹配 －0.028P-G 匹配 ＋0.207P-S 匹配 ＋0.033P-J 匹配×P-S 匹配 －0.006P-O 匹配×P-G 匹配 ＋0.01P-O 匹配×P-S 匹配 ＋0.001 （1）

团队效能 ＝14.156P-J 匹配 －17.082P-O 匹配 ＋0.851P-G 匹配 －2.773P-S 匹配 －0.094P-J 匹配×P-S 匹配 ＋0.060P-J 匹配×P-G 匹配 －0.129P-O 匹配×P-G 匹配 ＋0.026P-O 匹配×P-S 匹配 －0.153 （2）

团队凝聚力 ＝8.327P-J 匹配 －9.803P-O 匹配 ＋0.708P-G 匹配 ＋1.613P-S 匹配 ＋0.118P-J 匹配×P-S 匹配 ＋0.062 （3）

把方程（1）代入方程（2）（3）中，得出，方程（4）（5）

团队效能 ＝（0.174－0.214P-G 匹配 ＋0.168P-S 匹配）P-O 匹配 ＋（0.060P-G 匹配 ＋0.373P-S 匹配）P-J 匹配 ＋0.455P-G 匹配 ＋0.157P-S 匹配 －0.139 （4）

团队凝聚力 ＝0.348P-O 匹配 ＋0.393P-S 匹配×P-J 匹配 ＋0.475P-G 匹配 ＋3.337P-S 匹配 ＋0.145 （5）

从方程（4）可以看出，P-O 匹配对团队效能影响的回归系数是P-G 匹配、P-S 匹配的二元一次方程，且随着 P-G 匹配、P-S 匹配得分越来越高，P-O匹配对团队效能的影响力度越大，其中 P-G 匹配的调节效应要显著大于 P-S 匹配；另外，P-J 匹配对团队效能的影响也受到 P-G 匹配、P-S 匹配的调节，且随着 P-G 匹配、P-S 匹配得分越来越高，其调节力度也越来越大，其中 P-S 匹配的调节力度显著大于 P-G 匹配的调节力度。

由方程（5）可以看出，P-O 匹配对团队凝聚力影响的回归系数是常数，不会受到其他变量的调节，但 P-J 匹配对团队凝聚力的影响会受到 P-S 匹配的调节，P-S 匹配得分越高，对 P-J 匹配的调节力度就越大。

六、P-O 匹配、P-J 匹配、P-G 匹配、P-S 匹配对老员工士气、团队士气的影响

（一）P-O 匹配、P-J 匹配对老员工士气、团队士气的影响

鉴于以上已经证明 P-O 匹配、P-J 匹配对老员工、团队士气均存在显著的预测效应，因此，根据假设，以 P-O 匹配为自变量，P-J 匹配、员工士气为中介变量，团队士气为因变量，建立模型。模型的拟合指数如下：$\chi^2/df = 2.477$，$RMR = 0.015$，$GFI = 0.975$，$NFI = 0.975$，$IFI = 0.959$，$TLI = 0.985$，$CFI = 0.975$，$RMSEA = 0.055$。模型拟合良好。通过路径系数可以看出，除 P-O 匹配到团队士气的路径系数不显著外（$p > 0.05$），其余路径系数均显著（$p < 0.05$）。因此，首先确定 P-O 匹配完全通过 P-J 匹配、员工士气对团队士气起作用，中介效应显著。由于 P-J 匹配到团队士气的路径系数不显著，因此，进行 sobel 检验。Sobel 检验结果为 $4.075 > 0.97$，sobel 检验显著，P-J 匹配部分通过员工士气对团队士气起作用。即 P-O 匹配对团队士气的作用路径有三条：① P-O 匹配→团队士气；② P-O 匹配→P-J 匹配→团队士气；③ P-O 匹配→P-J 匹配→员工士气→团队士气。

由图 5-12 可以看出，P-O 匹配仅可以通过 P-J 匹配对团队士气产生影响，而且可以通过 P-J 匹配、员工士气的双重中介路径来影响团队士气。即 P-J 匹配、员工士气在 P-O 匹配对老员工团队士气的影响中存在双重中介作用。假设 9 得到验证。

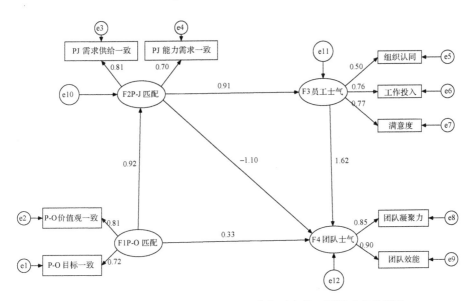

图 5-12 P-O 匹配、P-J 匹配、员工士气对老员工团队士气的影响

(二) P-G 匹配、P-S 匹配对老员工士气、团队士气的影响

采用分层回归的方式,在控制人口统计学变量的基础上,探索 P-G 匹配、P-S 匹配对老员工士气、团队士气的影响。第一步,将人口统计学变量性别、工作年限、职位作为自变量,团队士气作为因变量,建立回归方程。第二步,引入 P-O 匹配、P-J 匹配、P-G 匹配、P-S 匹配、员工士气作为自变量,团队士气作为因变量,建立回归方程。第三步,进一步引入"P-O 匹配×P-G 匹配""P-O 匹配×P-S 匹配""P-J 匹配×P-G 匹配""P-J 匹配×P-S 匹配""员工士气×P-G 匹配""员工士气×P-S 匹配"为自变量,团队士气作为因变量,建立回归方程。结果发现,三个方程均显著($p<0.05$),且第一个、第二个方程的 R^2 改变均显著,但引入交互项以后第三个方程的 R^2 改变呈现边缘显著($p=0.058$)。因此,并不是所有的交互项都存在调节效应。进一步考察交互项的回归系数发现,"P-J 匹配×P-S 匹配""员工士气×P-S 匹配"交互项的系数显著,其余交互项的系数不显著。因此,可以得出结论:① P-S 匹配在 P-J 匹配对老员工团队士气的影响中起调节效应;② P-S 匹配在老员工士气对老员工团队士气的影响中起调节效应;假设 10 得到部分验证,假设 11 没有得到验证(表 5-16)。

表 5-16　P-G 匹配、P-S 匹配对老员工士气、团队士气的影响

	自变量的顺序		团队士气	
第一步	性别	0.074	0.002	0.068
	工作年限	−0.074	−0.045	−0.108**
	职位	0.113*	0.033	0.053
第二步	P-O 匹配		0.054	0.104**
	P-J 匹配		0.019	0.004
	P-G 匹配		0.283***	0.269***
	P-S 匹配		0.066	0.073
	员工士气		0.447***	0.371***
第三步	P-O 匹配 × P-G 匹配			0.087
	P-O 匹配 × P-S 匹配			0.003
	P-J 匹配 × P-G 匹配			−0.014
	P-J 匹配 × P-S 匹配			−0.156*
	员工士气 × P-G 匹配			−0.011
	员工士气 × P-S 匹配			0.157*
F		7.455***	46.757***	27.997***
ΔR^2		0.038*	0.539***	0.016

进一步进行简单斜率分析发现，第一，P-S 匹配在 P-J 匹配对老员工团队士气的影响中起调节效应。具体表现为：具有高 P-S 匹配水平的老员工所处的团队士气一直处于较高水平，且随着 P-J 匹配得分的提高而出现稍微降低的现象，这可能与具有高 P-J 匹配的老员工对 P-S 匹配的要求更高有关。但是具有较低 P-S 匹配水平的老员工其感知到的团队士气随 P-J 匹配的提高而提高。即 P-S 匹配在 P-J 匹配对老员工感知到的团队士气的影响中起调节作用。高 P-S 匹配水平可以缓解因 P-J 匹配低而产生的团队士气低迷的现象。

第二，P-S 匹配在老员工士气对团队士气的影响中起调节效应。具体表现为：具有高 P-S 匹配水平的老员工感知到的团队士气会随着员工士气的提高而提高，而具有低 P-S 匹配水平的老员工感知到的团队士气基本不随员工士气得分的改变而改变。即只有当老员工感觉自身的组织认同、满意度和工作投入处于较高水平时，员工与领导的匹配才会对其感知到的员工士气起作用（图 5-13）。

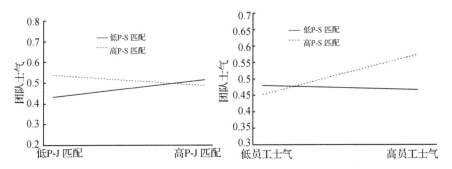

图 5-13　P-S 匹配在 P-J 匹配、员工士气对老员工团队士气的影响中起调节效应

（四）P-O 匹配、P-J 匹配、P-G 匹配、P-S 匹配对老员工士气、团队士气的影响

根据 P-J 匹配、员工士气的中介效应及 P-S 匹配的调节效应，建立 P-O 匹配、P-J 匹配、P-G 匹配、P-S 匹配对老员工士气、团队士气影响的混合模型。如图 5-14 所示。

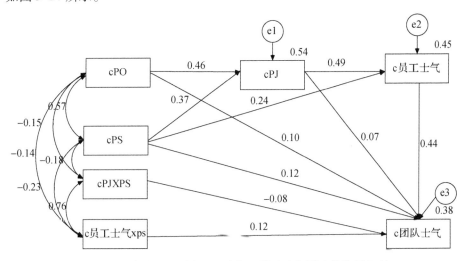

图 5-14　多边匹配对老员工士气、团队士气影响的作用机制

模型的拟合指数如下：$\chi^2/df = 3.410$，RMR = 0.012，GFI = 0.975，NFI = 0.970，IFI = 0.974，TLI = 0.888，CFI = 0.973，RMSEA = 0.072。模型拟合良好。通过路径系数可以看出：① P-O 匹配到团队士气的路径系数不显著（$p > 0.05$），P-O 匹配到 P-J 匹配及 P-J 匹配到团队士气的路径系数显著，因此，P-J 匹配在 P-O 匹配对团队士气的影响中起完全中介作用；② P-O 匹配到团队士气的路径系数不显著（$p > 0.05$），P-O 匹配到 P-J 匹配，P-J 匹配到员工士气，员工士气到团队士气及 P-J 匹配到团队士气的路径系数都显著，因此，进行 sobel 检验。Sobel 检验结果为 7.173 > 0.97，sobel 检验显著。即员工士气在

P-J 匹配对团队士气的影响中存在部分中介效应；P-O 匹配对团队士气的中介作用路径有三条：P-O 匹配→团队士气；P-O 匹配→P-J 匹配→团队士气；P-O 匹配→P-J 匹配→员工士气→团队士气；③"P-J 匹配×P-S 匹配"到团队士气的路径系数不显著，即 P-J 匹配的中介效应没有受到 P-S 匹配的调节，不是有调节的中介变量；④"员工士气×P-S 匹配"到团队士气的路径系数显著，即员工士气在 P-J 匹配到团队士气中的中介效应受到了 P-S 匹配的调节，因此，员工士气是有调节的中介变量。

由此可见，P-O 匹配不仅可以通过 P-J 匹配老员工对团队士气产生影响，而且可以通过 P-J 匹配、员工士气的双重中介路径来影响到团队士气。同时，员工士气的中介效应还会受到 P-S 匹配的调节。

由表 5-17 可以看出，整合模型中到团队士气结果变量的中介效应占总效应的 36.357%，即（0.034 + 0.027 + 0.113 + 0.180 + 0.099 + 0.080）/（0.034 + 0.027 + 0.113 + 0.180 + 0.099 + 0.080 + 0.074 + 0.438 + 0.100 + 0.120 + 0.077 + 0.124）= 36.357%。

表 5-17 模型中到团队士气结果变量的路径系数

预测变量	W1 P-J 匹配	W2 员工士气	X P-O 匹配	M P-S 匹配	UM P-J 匹配× P-S 匹配	XM 员工士气× P-S 匹配
对 Y 的直接效应（团队士气）	0.074	0.438	0.100	0.120	−0.077	0.124
对 W1 的直接效应（P-J 匹配）			0.459	0.367		
对 W2 的直接效应（员工士气）	0.488			0.239		
经过 W1 对 Y 的中介效应			0.034	0.027		
经过 W2 对 Y 的中介效应	0.113			0.180		
经过 W1-W2 对 Y 的中介效应			0.099	0.080		

整合模型中的调节效应：

P-J 匹配 = 0.459P-O 匹配 + 0.367P-S 匹配 + 0.54 (1)

员工士气 = 0.488P-J 匹配 + 0.239P-S 匹配 + 0.45 (2)

团队士气 = 0.074P-J 匹配 + 0.438 员工士气 + 0.098P-O 匹配 + 0.120P-S 匹配 − 0.007P-J 匹配×P-S 匹配 + 0.124 员工士气×P-S 匹配 + 0.38 (3)

把方程（1）（2）代入方程（3）中，得出方程（4）：

团队士气 =（0.132 + 0.025P-S 匹配）P-O 匹配 + 0.049（P-S 匹配）^{2} + 0.296P-S 匹配 + 0.617 (4)

从方程（4）可以看出，P-O 匹配对团队士气的影响会受到 P-S 匹配的调

第五章 多边匹配对老员工、团队士气的影响

节,且 P-S 匹配对团队士气的调节为正向调节,即老员工感知到的 P-S 水平越高,其对 P-O 的调节效应越明显,而且老员工的团队士气也会随着 P-S 水平及 P-O 水平的提高而提高。

第四节 讨 论

本研究再次证实了人与环境匹配的 P-O 匹配、P-J 匹配、P-G 匹配和 P-S 匹配维度对员工组织认同、满意度和工作投入及对团队效能和团队凝聚力的积极效应,再次验证了员工与组织的良好匹配不仅对员工对组织的态度和认同及员工行为有非常重要的影响,而且对团队效能有积极的影响,是实现员工与组织的长期雇佣关系,促进员工良好职业发展及提高组织核心竞争力的前提。因此,要想提高员工对组织的认同程度,提高其对组织和工作的满意度,提高其工作投入程度,进行匹配性培训是非常重要的。

一、P-O 匹配的直接效应

研究表明,P-O 匹配不仅对老员工满意度、组织认同和工作投入具有直接的正向预测效应,而且对团队效能和团队凝聚力具有直接或间接的预测效应。这样的结论不仅验证了前人关于 P-O 匹配对员工态度和行为结果变量的积极效应,而且在理论上使 P-O 匹配对结果变量从个人扩展到团队层面,丰富了匹配性的研究对象,同时在实践方面也具有非常重要的意义。

首先,从人与环境的行为交互理论出发,实现员工与环境多方面的匹配,尤其是实现员工与组织的匹配是实现员工良好职业发展的前提,也是促使组织完成整体任务,提高组织绩效的关键,是建设健康型组织和健康型社会必备的前提,为开展员工职业生涯发展规划和组织规划提供科学依据。

其次,在招聘和培训等环节强调员工与组织的匹配是非常重要的。一方面,组织的文化理念、价值观、目标和愿景与员工的价值观是否匹配会影响员工是否愿意进入和融入组织。另一方面,作为对员工满意度、组织认同和工作投入方面的长期影响因素,员工与组织的匹配会在长时间内潜移默化地对员工产生影响。只有员工与组织在价值观层面上实现良好匹配,员工才会心甘情愿地产生强烈的组织认同,为组织贡献自己的力量。因此,在人力资源管理实践中,尤其是在招聘环节中,不仅要寻找在知识、技能和能力等方

面与工作相契合的应聘者,实现个人能力与工作特征的良好匹配,更要关注员工自身的价值观、目标等是否与组织目标和组织愿景一致,努力提高员工与组织多方面的匹配程度,进而提高员工的组织认同、满意度和工作投入,这也是组织降低招聘成本、实现长期雇佣关系,进而提高企业核心竞争力的关键,与施耐德的 ASA 模型理论一致。因此,对于国内很多中小微型企业来说,要想有效吸引并留住人才,在招聘过程中要多宣传组织的文化理念与愿景,给员工更有吸引力的薪资等,这样才有可能将与组织价值观相契合的员工吸引过来,从而为提高员工和团队绩效,提高组织效能打好基础。这不仅可以减少企业在人员选拔方面所投资的人力、物力和财力,降低招聘成本,而且可以为企业选拔到合适的人才,提高企业的核心竞争力,对实现企业的持续发展。

另外,这样的结论也为企业在员工培训过程中着重培训组织文化理念提供了证据。P-O 匹配是否良好会对员工和组织产生持续性的影响,因此,组织对员工组织文化理念的培训不应仅仅停留在新入职员工培训阶段,应该贯穿在员工整个的职业生涯阶段,这样有利于员工不断汲取组织文化理念和价值观的精华,调整自身与组织不匹配的地方,提高 P-O 的匹配度,实现长久留住员工和企业的持续发展。

二、P-J 的中介作用

P-J 匹配的研究也表明,P-J 匹配会直接对员工的绩效、满意度、员工对组织的认同、员工的工作投入、创新行为等产生非常重要的影响(张勇、龙立荣,2013;王雪莉、马琳、张勉,2014)。当然也有少数研究将 P-J 匹配作为调节变量,探索 P-J 匹配对自变量和因变量的调节效应,比如龙立荣(2013)的研究表明,工作不安全感对员工创新行为的影响中,P-J 匹配起到调节作用。这些研究都说明了 P-J 匹配对员工行为结果变量的积极影响。但很少有研究将 P-J 匹配作为中介变量来看待。

本研究表明,P-J 匹配不仅可以直接对老员工满意度、组织认同和工作投入,团队效能和团队凝聚力进行预测,而且可以作为 P-O 匹配对老员工士气、团队士气影响的中介变量。这基本与前人的研究结论一致。一方面拓展了前人关于"员工-工作匹配"对结果变量的影响,另一方面证实了 P-J 匹配作为中介变量的有效性,对前人的研究进行了有意义的拓展,即 P-O 匹配是提高员工行为的前提,而 P-J 匹配是员工与组织匹配必备一部分。

在实践方面,P-J 匹配一直是人力资源管理人员努力追寻的目标,也是目前人力资源管理人员在选拔和培训过程中最重视的一种匹配因素。研究表明,实现人与工作的匹配是实现人与环境匹配的第一步,也是非常重要的一步。只有人与工作匹配得非常好,员工才会有工作斗志,在工作中达成自我实现,为团队和组织贡献自己的力量。当然,如果在招聘过程中,员工和工作匹配得不好,可以实行换岗或者员工自行学习调试,这样会浪费一部分人力、物力和财力,但这也为员工寻求更合适自己的工作岗位提供了一份机会,为员工进一步认同组织、留在组织提供了新的契机。另外,组织还可以通过培训、晋升等各种激励措施来提高员工与工作的匹配度,提高员工工作的积极性。

三、P-G 匹配、P-S 匹配的调节作用

团队能否产生高的绩效和效能,一方面与团队成员的知识、技能或性格是否与领导相匹配(P-S 匹配)有关,另一方面和员工与团队中其他成员的匹配(P-G 匹配)程度有关。研究发现,P-G 匹配可以导致高的团队绩效(张珊珊,张建新,2014)。另外,刘冰等的研究表明,员工与领导是否匹配(P-S 匹配)在团队心理安全对团队效能的影响中起调节作用(刘冰,2014);李超平(2014)的研究发现,P-G 匹配与合作对团队绩效产生积极效应。这些研究均证实了 P-G 匹配和 P-S 匹配在自变量对员工行为的结果变量中的调节效应,也是本研究的假设来源。

本研究表明,P-G 匹配、P-S 匹配在 P-O 匹配对老员工组织认同、工作投入、团队效能、团队凝聚力的影响中起到不同程度的调节作用。同时笔者在研究的过程中发现几个与前人研究不太一致的现象,值得分析。

首先,P-G 匹配、P-S 匹配在 P-O 匹配、P-J 匹配对老员工士气影响中的调节效应表现为:① P-G 匹配在 P-O 匹配对老员工组织认同中的调节作用表现为,较好的老员工不会轻易受到 P-O 匹配程度好坏的影响,即不管 P-O 匹配程度如何,P-G 匹配较好的老员工均保持较高的组织认同水平;而 P-G 匹配较差的老员工极容易受到 P-O 匹配是否良好的影响,具体表现为 P-O 匹配较好的老员工拥有较高的组织认同水平,而 P-O 匹配较差的老员工其组织认同水平较低;② P-S 匹配在 P-O 匹配对老员工工作投入影响中的调节作用表现为,具有高 P-S 匹配水平的老员工其工作投入水平一直处于较高的水平,且会随着 P-O 匹配水平的提高而提高,但 P-S 匹配较差的老员工,其工作投入会随着 P-O 匹配水平的提高而降低;③ P-G 匹配、P-S 匹配在 P-O 匹配、P-J 匹配对老员工满意度影响中的调节效应不显著。这可能与满意度本身的影响因素颇为有关。影响满意度的因素太多,包括组织环境、工作情况、薪酬福

利、自身性格等，因此，P-G 匹配或者 P-S 匹配只是它的影响因素之一，仅对与团队相关的满意度产生影响，但员工整体的满意度不会轻易受到 P-G 匹配或者 P-S 匹配的调节。

其次，P-G 匹配、P-S 匹配在 P-O 匹配、P-J 匹配对老员工团队士气影响中的调节效应表现为：① P-G 匹配在 P-O 匹配对老员工团队效能影响中的调节效应表现为，具有高 P-G 匹配水平的老员工其感知到的团队效能始终处于较高水平，而具有较低 P-G 匹配水平的老员工感知到的团队效能会随着员工感知到的 P-O 匹配水平的提高而提高。也就是说，高水平的 P-G 匹配可以缓解由于低水平的 P-O 匹配带来的团队效能低下的现象，也从侧面说明了 P-G 匹配对团队效能影响的重要作用。② P-G 匹配在 P-J 匹配对老员工团队效能影响中的调节效应表现为，具有高 P-G 匹配水平的员工其感知到的团队效能均处于较高的水平，且随着 P-J 匹配水平的提高而提高，即当个体感知到与团队有较高的匹配水平时，其与工作的匹配越好，其感知到的团队效能水平越高。但是低 P-G 匹配水平的老员工在 P-J 匹配高的情况下感知到的团队效能低，而在 P-J 匹配低的情况下感知到的团队效能高。即处于不同 P-G 匹配水平的老员工，P-J 匹配对团队效能的影响效应不一致，其中 P-G 匹配低但 P-J 匹配高的老员工感知到的团队效能最差。③ P-S 匹配在 P-O 匹配对老员工团队效能影响中的调节效应具体表现为，高 P-S 匹配水平的老员工其感知到的团队效能会随着 P-O 匹配水平的提高而提高，但是低 P-S 匹配水平的老员工感知到的团队效能反而随着 P-O 匹配水平的提高而降低。即老员工在感知到与领导匹配不好的情况下，如果他感到与组织匹配得好，那么就会感觉团队效能很差；如果感觉到与组织匹配得也很差，那么就会感觉团队效能还可以。因此，员工与组织和与领导都匹配得好，其感知到的团队效能最高，与组织匹配得好，但是与领导匹配得不好，则感觉团队效能最差。这也从另一个角度说明了员工与领导的匹配对员工感知到的团队效能具有重大的影响。因此，也可以看出对于处于不同 P-S 匹配水平的员工来说，P-O 匹配对老员工感知到的团队效能的影响效应不一致，即 P-S 匹配在 P-O 匹配对老员工团队效能的影响中起到调节作用。④ P-S 匹配在 P-J 匹配对老员工团队效能影响中的调节效应具体表现为，具有高 P-S 匹配水平的老员工，其感知到的团队效能不容易受到 P-J 匹配水平的影响，而具有低 P-S 匹配水平的老员工感知到的团队效能会随着 P-J 匹配水平的提高而提高，即在 P-J 匹配较差的情况下其感知到的团队效能较低，在 P-J 匹配较好的情况下，其感知到的团队效能高。即 P-S 匹配可以缓解 P-J 匹配对老员工感知到的团队效能的影响；⑤ P-S匹配在 P-J 匹配对老员工团队凝聚力影响中的调节效应具体表现为，具有高P-S匹配水平的老员工感知到的团队凝聚力处于比较高的水平，且不容易受到P-J匹配水平的影响；具有低P-S匹配水平的老员工在P-J匹配较低的情况下感知到的团队凝聚力低，而在P-J匹配水平高的情况下感知到的团队凝聚力高，即P-S匹配较差的老员工其感知到的团队凝聚力会随着P-J匹配水平的提高而提高。即P-S匹配可以缓解P-J匹配对老员工感知到的团队凝聚力的影响。高水平的P-J匹配可以弥补因P-S匹配较差而带来的团队凝聚力感知较差的现象。

再次，P-S匹配在P-O匹配、P-J匹配、员工士气对老员工团队士气影响中的调节效应表现为：① P-S匹配在P-J匹配对老员工团队士气的影响中起调节效应。具体表现为：具有高P-S匹配水平的老员工指导的团队士气一直处于较高水平，且随着P-J匹配得分的提高而出现稍微降低的现象，这可能与具有高P-J匹配水平的老员工对P-S匹配的要求更高有关。但是具有较低P-S匹配水平的老员工其感知到的团队士气随P-J匹配的提高而提高。即P-S匹配在P-J匹配对老员工感知到的团队士气的影响中起调节作用。高水平的P-S匹配可以缓解因P-J匹配差带来的团队士气低迷的现象；② P-S匹配在老员工士气对团队士气的影响中起调节效应作用。具体表现为：具有高P-S匹配水平的老员工感知到的团队士气会随着员工士气的提高而提高，而具有较低P-S匹配水平的老员工感知到的团队士气基本不随员工士气得分的改变而改变。即只有当老员工感觉自身的组织认同、满意度和工作投入处于较高水平时，员工与领导的匹配才会对其感知到的员工士气起作用；③ P-G匹配在P-O匹配、P-J匹配、员工士气对老员工团队士气的影响中不存在显著的调节效应。这可能是与P-G匹配对团队效能和团队凝聚力的影响太密切有关，从回归分析我们也可以看出，P-G匹配对老员工团队士气影响的回归系数为0.269***，达到了$p<0.001$的显著水平，因此，P-G匹配对老员工团队士气的影响可能更多的是直接效应。

这样的结论证实了P-G匹配、P-S匹配在P-O匹配、P-J匹配对结果变量影响中不同程度的调节作用，拓宽了P-G匹配、P-S匹配在组织行为学领域和管理实践方面的研究思路。

因此，在组建团队时，首先，要挑选适合团队工作、对完成团队目标有用的人才；其次，要对团队成员进行合理配置，做到人尽其用，实现员工个人与团队工作的良好匹配；再次，要选择专业技能强、适合团队工作的优秀领导，实现员工与领导的最佳匹配；最后，还要对团队进行合作性培训、人际沟通培训等，要团队成员认识到他们有共同的目标，只有他们共同合作，好好相处，才会实现高水平的 P-G 匹配和 P-S 匹配，才会产生高效能的团队和较强的团队凝聚力，才会缓解因 P-O 匹配、P-J 匹配不良带来的员工士气和团队士气低迷的现象，才会促进团队的健康、平稳、高效发展与成长（Seong, J. Y., & Kristof-Brown, A. L., 2012）。

四、匹配因素对老员工团队士气的影响：员工士气的中介作用

员工作为团队的基本单位，其态度和行为会直接关系到团队效能和团队凝聚力的好坏。员工个人层面的绩效和团队层面，甚至组织层面的绩效都是组织追寻的目标。作为企业的核心组成部分，员工层面的组织认同、工作投入和满意度会直接影响员工的绩效，而员工层面的态度和行为也会间接影响团队和组织的效益，这是因为团队和组织的效益主要是通过员工完成工作任务来体现的。而员工除完成自身任务之外，其在工作活动中与他人的互动协调等往往会对他人的绩效产生影响，这种影响会超出组织正式规定的范围，对团队和组织产生深远的意义。而且这种影响与团队规模、团队内部的规章制度等有很大的关联。员工的自觉自愿行为不仅会影响其角色内行为，而且会促进团队成员之间的互帮互助等组织公民行为，因此，研究员工士气（组织认同、满意度和工作投入）对团队士气（团队效能和凝聚力）的影响对扩充员工与团队之间的交互具有非常重要的理论意义。

通过研究我们可以发现，老员工的士气是否良好会在 P-O 匹配、P-J 匹配对团队士气的影响中起中介作用，即员工与组织匹配是否良好，与工作匹配是否良好，与团队和领导匹配是否良好都会影响到老员工对组织的认同程度、对组织的满意度及工作投入度。员工的这些态度和行为又会在团队内部形成情绪传染，形成涟漪效应，进而影响团队的凝聚力和团队效能。这与前人的研究结论相符。

一方面，作为团队成员的特殊人物——团队领导，其领导风格、技能掌握情况、对待成员的态度等均会对团队效能产生显著影响，比如研究表明变革型领导对团队绩效具有积极效应。另一方面，作为团队的基本成员，每个团队成员对组织的认同度、满意度和工作投入度会影响团队的效能。乐嘉昂（2013）的研究表明，职场排斥会影响员工的积极组织行为，进而会影响团队的绩效；方阳春（2014）的研究也表明，包容型的领导风格会对团队绩效产生积极作用，员工的自我效能感在其中起到中介作用，即员工的自我效能感会显著影响团队的绩效；研发团队成员的个人绩效会影响团队知识转移成效，进而影响团队绩效。另有研究表明，员工的时间管理观念会直接影响对团

中所要完成的任务目标的看法，进而对团队绩效产生影响。

因此，在管理实践中，若想提高团队效能和组织效能，首要的是关注组成团队和组织的基本单位——员工。如果员工的态度和行为出现了问题，那么势必会影响到其所在的团队。员工与组织是否匹配、员工与工作是否匹配、员工与领导和团队是否匹配会对员工的工作态度、行为和产出产生极大的影响，这种态度和产出又会进一步对团队效能和组织效能产生深远的影响。

第五节 结 论

研究的主要结论如下：

（1）P-O 匹配可以对老员工组织认同、满意度和工作投入，以及团队效能、团队凝聚力进行预测；

（2）P-J 匹配在 P-O 匹配对老员工组织认同的影响中存在完全中介效应，在 P-O 匹配对老员工满意度和工作投入的影响中起部分中介作用；

（3）P-G 匹配和 P-S 匹配在 P-O 匹配对老员工组织认同和工作投入的影响中起到调节作用，但这种调节作用不会通过 P-J 匹配的中介作用而起作用，因此，P-G 匹配和 P-S 匹配仅为简单的调节变量，不是有中介的调节变量；

（4）P-J 匹配在 P-O 匹配对老员工团队凝聚力和团队效能的影响中均存在部分中介效应；

（5）P-G 匹配、P-S 匹配在 P-O 匹配对老员工团队凝聚力和团队效能的影响中存在调节效应，但这种调节效应没有通过 P-J 匹配的中介路径起作用，因此，P-G 匹配和 P-S 匹配仅为简单的调节变量，不是有中介的调节变量；

（6）P-J 匹配对老员工团队凝聚力的影响受 P-S 匹配的调节，因此，P-J 匹配为有调节的中介变量；

（7）P-J 匹配、员工士气在 P-O 匹配对老员工团队士气的影响中起中介作用，中介路径有三条：P-O 匹配→团队士气；P-O 匹配→P-J 匹配→团队士气；P-O 匹配→P-J 匹配→员工士气→团队士气；

（8）P-S 匹配在 P-J 匹配、员工士气对老员工团队士气的影响中起调节作用，且员工士气为有调节的中介变量。

第六章
多边匹配对员工行为有效性影响的验证研究

第一节 多边匹配对新入职员工职业适应性影响的验证研究

一、研究背景、目的及假设

(一) 研究背景

职业适应性是个体对职业的适应能力,包括对组织环境、组织价值观、工作特点、所在团队的人际关系及是否与领导相处融洽等各个方面,总之,它是指个体与其所处的职业环境交互作用的结果,对个体的职业生涯规划和职业发展有非常重要的影响(谭明,方翰青,2012),而且个体职业适应是否良好会直接影响员工对组织和工作的态度和行为,对组织和社会都有非常重要的影响。

因此,对员工的职业适应性进行影响具有非常重要的理论和实践意义。目前对员工职业适应的影响多集中在将职业适应性看作因变量,探索其对员工职业发展和行为变量的影响,并且研究角度多为静态,较少有将员工的职业适应性作为因变量来研究,并且从人与环境交互的动态视角探索人与环境的匹配程度对个体的重要影响。

新入职的员工正面临从大学生向员工的转变,他们能否在短时间内适应组织环境,能否在组织中寻求与自身相契合的工作岗位,能否与周围的团队成员和谐相处等均会在一定程度上影响其职业适应性,对其职业发展产生深远影响。

首先，大学生在入职前接受的多是与工作相关的理论知识，学校教学及社会忽视了对他们进行团队合作和人际沟通或者组织适应性方面的培训，这在一定程度上使得他们在寻找工作的时候容易看中与专业相匹配的工作，使得其就业面狭窄。再者，他们即便寻求到与专业相匹配的工作，如果缺乏与团队的匹配，甚至是到了与自身价值观相悖的组织中，那么短期内他们可能会有较好的工作绩效，但随着时间的延长，他们会慢慢体会到与组织的冲突和摩擦，面临转换工作或者离职的困境。

因此，对即将入职的大学生进行匹配性培训，尤其是员工与组织的匹配，员工与团队的匹配，员工与领导的匹配等，教会他们如何在适应过程中进行压力管理和情绪疏导，如何减少与团队成员之间的摩擦，如何慢慢融入所在的组织，对于他们寻找一份与自身更契合的工作和组织来说有非常重要的现实意义，同样对于组织来说，能够招募到与自身价值观相契合的员工对于其实现长期的雇佣关系也意义重大。

对于学校来说，在学生入职前让其参与匹配性培训，让学生能够对自身所掌握的专业知识、技能和能力及自身的职业倾向和价值观有一个清晰的了解，并对自身的性格和人格特点、与团队和领导相处的模式有较明确的认识，对其寻求一份长久且合适的工作和组织大有裨益。对于企业来说，对新入职员工进行组织文化理念培训，与工作相关的知识、技能和能力培训及团队合作和人际沟通培训，用组织文化来感染他们，使他们尽快适应新工作，减少其与团队和领导的摩擦，有助于他们较好较快地适应新工作。

从"多边匹配对新入职员工职业适应的影响"这一研究中可以看出，工作一年以下的员工职业适应性的现状得分处于一般水平。这可能与员工刚入职面临的诸多挑战有关。而且从研究1我们可以看出，多重匹配因素尤其是P-G匹配对新入职员工的职业适应性有非常强烈的预测效应。因此，如果在员工入职前能对其进行匹配性干预，提高员工的匹配度，对员工适应新工作会有非常好的促进作用。

（二）研究目的

本研究的研究对象主要是即将入职的大学生，他们没有工作过，因此，用普通的匹配性问卷项目诸如"我所掌握的技能与工作所需的技能相匹配"或者"我的价值观与组织的价值观相一致"等进行匹配性考察显得比较空洞，而且没有办法进行工作前的前测，所以首先，需要自行编制 P-J 匹配和 P-O 匹配问卷，使得这些问卷包含具体的匹配项目，比如 P-J 匹配的问卷包括工作所需的知识、技能和能力等具体项目，如要求学生回答在修理器械这项技能上学生自身的掌握程度。其次,用前中后测的数据来比较学生在培训前后匹配性及适应性得分上的差异,以验证匹配性对适应性影响的有效性。据此,本研究的目的包括两个方面:

(1) 基于 O*NET 工作分析系统,利用文献综述法、行为事件访谈(behavior event interview, BEI)① 和团体焦点访谈(focus group interview, FGI)② 及问卷调查法,对某企业高管、人力资源管理人员、团队领导、团队业务骨干及普通员工进行工作分析,并开发出相应的 P-O 价值观匹配问卷、P-J 匹配问卷 KSA,以期为后续研究提供科学的研究工具。

(2) 基于匹配因素对员工职业适应性的影响模型,提出新员工职业适应性的 P-O 匹配、P-J 匹配、P-G 匹配、P-S 匹配干预措施,并验证其有效性。

(三) 研究假设

基于以上论述,提出本研究的研究假设:

(1) 实验组和控制组的前测在匹配性因素及职业适应性得分上均无显著差异。

(2) 实验组前测与中测在 P-O 匹配、P-J 匹配、P-G 匹配和 P-S 匹配及职业适应性得分上均表现出显著差异;控制组前测与中测在 P-O 匹配、P-J 匹配上表现出显著差异,但在 P-G 匹配和 P-S 匹配及职业适应性得分上均没有表现出显著差异。

(3) 实验组在匹配性因素及职业适应性上的后测得分显著高于前测,但与中测无显著差异;控制组在 P-O 匹配、P-J 匹配、P-G 匹配和 P-S 匹配及职业适应性上的后测得分显著高于中测和前测。

(4) 实验组与控制组在前测得分上不存在显著差异。

(5) 在中测上,实验组的 P-G 匹配和 P-S 匹配及职业适应性得分均显著高于控制组;但在 P-O 匹配和 P-J 匹配上没有显著差异。

(6) 在后测上,实验组和控制组在匹配性因素及职业适应性得分上均无显著差异。

二、方法

(一) 被试

选取某职业学院即将入职(首次实习)的学生 400 人,男生 109 人,女

---

① 行为事件访谈,又称关键事件访谈,目的在于建构某种素质模型,在分析任职者胜任素质时应用非常广泛。

② 团体焦点访谈是小组深度访谈常用的方式,常用于收集任职者行为资料及胜任素质。

生 291 人，年龄在 16～19 岁，平均年龄为 16.690 岁，随机分为两组。一组为实验组（200 人），一组为控制组（200 人）。

（二）研究方法

访谈法、问卷调查法、培训法。

（三）研究工具

研究工具包括培训材料（自行设计）、匹配性问卷（自行编制）、O*NET 工作分析问卷及职业适应性问卷。

培训材料：适用于中等职业学校的《心理健康教育》教材；团队合作培训材料；人际沟通材料；与组织文化理念相关的培训材料。

匹配问卷：P-O 匹配问卷、P-J 匹配问卷、P-S 匹配问卷和 P-G 匹配问卷。

O*NET 工作分析问卷：采用中科院时勘博士课题组提供的 O*NET 工作分析系统中的知识（knowledge）、工作技能（skill）和工作能力（ability）及价值观（value）中文问卷。

O*NET 知识问卷包括生物、物理、化学、医药、电子等知识，共 33 个项目，涵盖了各学科的知识。

O*NET 工作技能问卷：该问卷包括 35 个项目，分基础性技能（10）、复杂问题解决技能（1）、资源管理技能（4）、社交技能（6）、系统技能（3）和技术性技能（11）6 个维度。基础性技能主要包括阅读、谈话、书写、数学等工作所需的基本技能；复杂问题解决技能即解决复杂问题的能力；资源管理技能包括工具管理、材料管理、人力资源管理等；社交技能包括说服、谈判、协调、指导、服务等；系统技能包括系统分析、系统评估等；技术性技能包括操作分析、技术设计、挑选设备、编写程序等。

O*NET 工作能力问卷：能力是一种能够帮助一个人完成工作的持久才能，包括认知能力、生理能力、心理运动能力、感知能力 4 个维度，共 51 个项目。认知能力包括口语理解、口语表达、思维流畅性等 21 个项目，生理能力包括四肢协调、推举提拉力、爆破力、躯体持久力等 17 个项目，心理运动能力包括心算、反应时等 5 个项目，感知能力包括语音识别、听觉定位、听觉敏度等 8 个项目。

O*NET 价值观问卷：问卷包括 16 个项目，分为成就取向、关系（团队）取向、诚信取向、创新取向、独立取向和环境支持取向 6 个维度。

职业适应性问卷：分为人际适应、环境适应和工作适应三个维度，具体见研究 4。

（四）研究程序

研究程序分为问卷编制、问卷调研、培训三大步骤。问卷编制包括文献查阅、访谈、形成初步问卷、信效度检验、形成正式问卷5个小步骤；问卷调研包括前测、中测和后测三个步骤；培训包括与工作相关的知识、技能和能力培训，与组织文化理念和组织目标相关的培训、团队合作培训和人际沟通培训。

1. 问卷编制

第一步，利用文献搜集法，搜集与工作分析及匹配相关的文献，归纳出P-O匹配、P-J匹配的概念和与本质相关的核心要素。

第二步，对学生即将实习单位的相关人员进行访谈，其中企业高管1名、人力资源管理者2名、经验丰富的驻厂老师5名、熟练操作的师傅5名，了解与组织相关的价值观、与工作相关的具体知识、技能和能力等，然后让他们当场作答O*NET问卷中的组织价值观和KSA问卷调查，确定P-J匹配和P-O匹配的具体项目，并选出可以代表员工P-J匹配和P-O匹配的项目，形成P-O匹配和P-J匹配的初始问卷。

第三步，对形成的P-G匹配和P-S匹配问卷进行预测，并进行项目分析和探索性因素分析，删除区分度不高及因子负荷较低的项目。

第四步，对P-O匹配、P-J匹配、P-G匹配和P-S匹配问卷进行正式施测并分析问卷的信效度。

第五步，形成正式问卷。

具体步骤如图6-1所示。

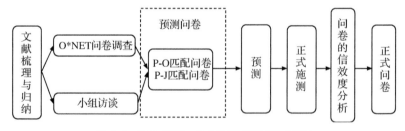

图6-1　P-O匹配、P-J匹配问卷编制流程

2. 问卷调研

第一步，在学生刚入职后一段时间将学生随机分为实验组和控制组。

第二步，对学生进行匹配问卷和适应性问卷前测。

第三步，实验组的学生进行团队合作（P-G匹配）、人际沟通（P-S匹配）、组织文化理念（P-O匹配）、工作技能（P-J匹配）等培训，控制组进行团队合作、人际沟通口号及定义学习,同时也接受组织文化理念(P-O 匹配)培训和工作技能(P-J 匹配)培训。

第四步,培训结束 1 个月后对实验组和控制组的学生同时进行中期测试,比较实验组在培训前后的匹配性和适应性有无显著变化,以及实验组与控制组在匹配性及适应性方面有无显著差异。

第五步,对控制组的学生进行和先前实验组同样的团队合作(P-G 匹配)、人际沟通(P-S 匹配)、组织文化理念(P-O 匹配)、工作技能(P-J 匹配)等培训,实验组只进行组织文化理念(P-O 匹配)和工作技能(P-J 匹配)培训。

第六步,控制组学生培训结束 1 个月后,对控制组和实验组学生同时进行后期测试,考察比较控制组学生在培训前后匹配性及适应性的差异及与实验组学生的差异,以及实验组学生中后期测试在匹配性和适应性方面有无显著差异,并提出建设性的建议与对策。

具体情况如图 6-2 所示。

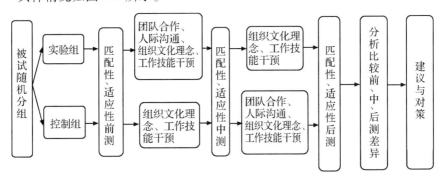

图 6-2　新入职员工职业适应性实验设计

3. 培训

笔者通过访谈发现,学生即将实习的单位是流水线作业,工作比较单调、枯燥,而且学生年龄比较小,刚到一个新的地方,融入一个新的集体,会面临各种压力和挑战,因此,经过专家和驻场老师的商定,学生在接受厂方和师傅组织文化理念培训和通用专业技能培训的基础上,参加人际沟通和团队合作培训,以便能够形成良好的团体意识,使学生可以在团队中找到归属感,尽早融入未来的工作岗位之中,提高工作效率,降低离职率。另外,研究 1 发现,对新入职员工来说,P-G 匹配对其职业适应性预测效力最大,因此,可以通过团队合作培训和人际沟通培训等多种培训相结合的方式,来促进新入职学员之间的沟通,提高学生的 P-G 匹配与 P-S 匹配水平,加强学生与团队其他成员及团队领导之间的沟通，以提高学生的职业适应性。

三、研究结果与分析

（一）P-O 匹配、P-J 匹配问卷编制

1. 文献搜集与归纳

通过搜集与匹配相关的文献可以发现，以前用来描述 P-O 匹配、P-J 匹配的问卷都是概括性的问卷，没有研究针对具体组织和具体工种开发出具体的 P-O 匹配和 P-J 匹配问卷。因此，开发出针对具体企业、具体工种的 P-O 匹配和 P-J 匹配问卷对科学的人事选拔及培训都有非常重要的参考价值。目前的研究对 P-O 匹配性的界定包括员工与所在组织的价值观、目标和愿景等的一致性，P-J 匹配主要包括员工的技能与工作所需技能的匹配程度及工作所提供的薪资、社会地位等是否能满足员工所需或达到员工期望。本研究采用 O＊NET 工作分析系统中与工作相关的知识、技能和能力问卷及价值观问卷进行调研。

2. 专家访谈

笔者通过专家小组访谈发现，专家们一致认为 O＊NET 工作分析系统中与工作相关的知识、技能和能力问卷及价值观问卷对了解员工工作所需的知识、技能和能力及组织价值观具有非常科学全面的参考价值。因此，他们对这些问卷中的具体项目进行了逐一评定和商讨，筛选出了最具代表性的项目。比如知识问卷方面，他们认为对员工工作最重要的知识有经营管理等。如图 6-3 所示。

	知识	技能	能力	价值观
项目	经营与管理、经济与会计、市场营销、客户与个人服务、人事与人力资源、工程与技术、设计、工具和原理的知识、心理学、社会学与人类学、治疗与咨询、教育与培训、哲学与神学、法律与政府、电信学、通信与媒体	批判性思维、主动学习、监管、社交的洞察力、协调、说服力、指导、解决复杂问题、安装、操作监管、设备保养	口语理解、书面理解、口语表达、思维流畅、独创性、问题敏感性、归纳推理、灵活归类、数学推理能力、记忆能力、搜索速度、整合灵活性、空间定位能力、视觉想象、选择注意、速率控制	取得成就、毅力、主动性、领导能力、合作性、关心他人、社交取向、自我控制、承受压力、适应力/灵活性、可靠性、注意细节、正直诚信、独立性、创新

图 6-3　专家访谈整理的 P-J 匹配、P-O 匹配项目

3. O* NET 调研

对 10 名驻厂老师、5 名人力资源管理者、2 名企业高管、20 名熟悉工作岗位的师傅和 20 名专业老师进行 O*NET 问卷调研。让他们对 O*NET 问卷中所涉及的知识、技能、能力及价值观问卷的所有项目进行重要性评分。结果发现，即将入职的学生要面临的工作所需要的主要知识、专业技能、能力及企业的价值观项目的重要性排序依次如图6-4、图6-5 所示。

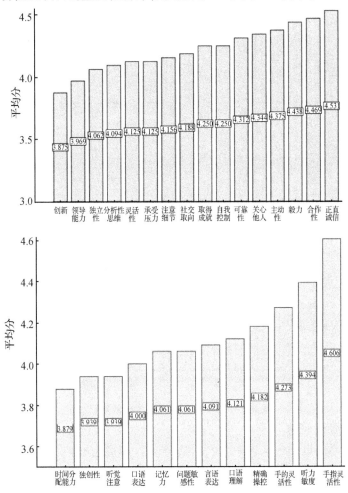

图 6-4　工作所需的能力及组织所看重的价值观

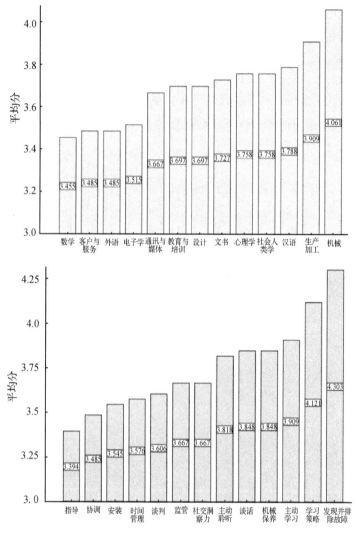

图 6-5 工作所需的知识、技能项目

4. 形成预测问卷

根据访谈结果和数据结果进行综合筛选，形成由知识、技能和能力组成的 P-J 匹配问卷和由组织价值观项目组成的 P-O 匹配问卷。P-J 匹配问卷包括知识匹配（12）、技能匹配（12）和能力匹配（13）三个维度，共 37 个项目，P-O 匹配问卷由 12 个项目组成。具体问卷见附件。

5. 问卷的信效度分析

笔者对问卷进行预测并进行信效度分析发现，P-J 匹配问卷的克伦巴赫 α 系数为 0.951，其中知识匹配、技能匹配和能力匹配三个分问卷的克伦巴赫 α 系数分别为 0.910、0.878、0.869；P-O 匹配问卷的克伦巴赫 α 系数为 0.899，问卷的信度良好。问卷源于美国国家职业数据库,并经过了国内时勘课题组的翻译与修订,具有良好的内容效度。利用验证性因素分析来检验问卷的结构效度。结果如图6-6所示。P-J匹配模型的拟合指数如下:$\chi^2/DF = 2.684$,RMR = 0.044,GFI = 0.892,NFI = 0.872,RFI = 0.889,TLI = 0.917,CFI = 0.900,RMSEA = 0.045。模型拟合良好。说明P-J匹配问卷具有良好的结构效度。而且各潜变量到各显变量的路径系数均显著($p<0.05$),说明问卷内敛效度良好。

P-O匹配模型的拟合指数如下:$\chi^2/DF = 1.706$,RMR = 0.035,GFI = 0.945,NFI = 0.872,RFI = 0.912,TLI = 0.937,CFI = 0.914,RMSEA = 0.005。模型拟合良好。说明P-O匹配问卷具有良好的结构效度。而且各潜变量到各显变量的路径系数均显著($p<0.05$),说明问卷内敛效度良好。

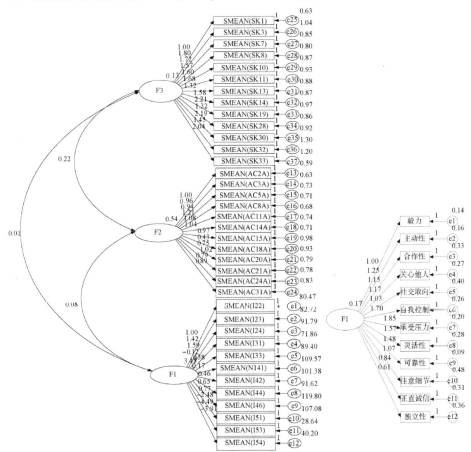

图6-6 P-J匹配问卷、P-O匹配问卷的验证性因素分析

（二）基于多边匹配的培训课程设计

1. 设计背景

从"多边匹配对新入职员工职业适应的影响"这一研究中我们可以看出，在对新入职员工职业适应性的影响中，P-G 匹配的预测效力最大，P-J 匹配在 P-G 匹配对员工职业适应性的影响中具有调试作用。且对新入职员工来说，在对组织文化和工作不熟悉的情况下，P-G 匹配对他们来说最重要。因此，通过对入职前的学生和新入职的员工进行 P-O 匹配培训、P-J 匹配培训、P-G 匹配培训及 P-S 匹配培训，不仅可以让员工对即将入职的组织文化有更好的认识，对自己将要从事的工作有更明确的定义，对自身所处的环境进行更好的心理调适，而且可以增加自身与周围环境的契合度，提高对工作环境和周围环境的安全感，降低因为工作等因素带来的未知焦虑，让员工可以更好地与他人相处交流，减少入职的适应困难。另外，对员工进行团队合作培训及人际沟通培训，可以促使新入职员工顺利与他人进行工作和生活上的沟通，合理化解与他人的冲突，提高对他人工作缺点和错误的容忍程度，使员工能够在人际交往方面更得心应手，更容易与他人建立良好的关系，这样员工能够自信地处理工作和生活中遇到的问题，勇于承认自己在知识、技能和能力等方面的不足，对自身与工作的匹配程度、与组织的匹配程度有更合理的认知。

因此，对于新入职员工来说，进行 P-O 匹配、P-J 匹配、P-G 匹配和 P-S 匹配培训是提高其职业适应性，降低其职业适应困难的有效方法。

2. 设计思路

该培训模式的总体设计分四大步骤。

首先，进行培训需求分析，明确培训的方向和内容。

其次，制订培训方案，明确培训模式。坚持战略导向、正向激励、差异化、实效性等开发原则。

再次，组织实施培训计划，编写培训教程与方案，根据匹配内容，设计对应的四类培训内容，分别包括组织文化理念培训，压力管理、情绪疏导培训，团队合作培训及人际沟通培训。

最后，对培训效果进行评估，为企业提高培训质量提供依据。基于柯克帕特里克提出的四层次评估模型，从反应层、学习层、行为层、结果层四个方面来评估培训效果。

具体设计思路如图 6-7 所示。

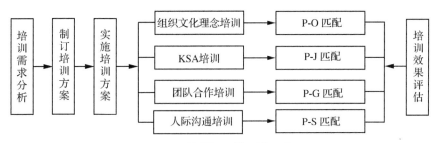

图 6-7 培训课程的设计思路

3. 课程内容

笔者通过访谈、问卷调研和文献检索发现，新入职员工均会接受组织文化理念培训和通用技能培训，因此，本次课程主要集中在组织文化理念培训、工作技能培训、人际沟通培训、团队合作培训四个方面，旨在提高员工的 P-O 匹配、P-J 匹配、P-G 匹配和 P-S 匹配水平。

（1）组织文化理念培训：通过问卷调查和访谈了解公司的组织价值观，然后请公司人力资源高管或组织价值观或组织文化理念或组织战略方针的制定者等高层领导或其他专家进行组织文化理念的讲授，让员工更加认同组织的价值文化理念，提高组织认同与组织忠诚度，更好地匹配组织文化理念。

（2）工作技能培训。请公司有经验的或业绩较好的员工，或有一技之长的班组长进行经验传授与技术交流；采用师徒制或导师制等，由老员工手把手教给新入职员工与工作相关或所需的知识、技能和能力，以提高员工的工作技能、与工作的匹配度，进而提高工作效率与企业核心竞争力。

（3）人际沟通培训。人际沟通课程的基础目标是让学员学会正确传递和表达信息及有效倾听和接收信息。通过人际沟通的模式、方式方法和重要性的讲解及各种团体活动，员工可以了解沟通的重要性及方式方法，提高员工与同事、领导及家人之间的沟通能力，优化人际沟通对员工生活的影响。

（4）团队合作培训。通过团队合作的各种活动，学员了解团队合作的重要性，增强团队凝聚力。

4. 培训方法

结合被试的年龄和心理特征，采用学生易于接受的团队建设法、团体心理辅导法、情景模拟法等培训方法，主要以互动和游戏的方式进行课程学习。具体介绍如下。

（1）团队建设法。

让学员以小组和团队的形式进行合作，提高学员之间的相互信任，使其共同承担团队工作的一部分，为达成团队目标共同努力，探索影响团队绩效的因素。培养学员坦诚相对、以大局为重的集体主义处事原则，提高团队的凝聚力和团队士气。

（2）团体心理辅导法。

即以团体为单位，让每个学员在团队中进行分享、互动、观察、学习和成长的心理辅导模式。这种模式能够促进学员对自身的认识与了解，利于改善学员之间的关系，增加学员之间的相互了解。学员在互动中能够学到新的态度和行为模式，有利于他们尽快适应新的工作和生活，完成从学生到员工的角色转变。

（3）情景模拟法。

在有效沟通培训、压力管理培训等课程中均设计了情景模拟环节，旨在让学生模拟在现实生活中遇到压力或情绪事件时如何进行理性反应，以及回顾以往生活中遇到的类似情况，并对自己做出的反应进行反思和评估，以便让学员在以后的工作或生活中遇到该类问题时能更理性地做出反应。

（三）多边匹配对新入职员工组织适应性影响的前、中与后测结果分析

1. 实验组前、中与后测差异比较及分析

采用配对样本 t 检验对实验组前测与中测、中测与后测、前测与后测进行差异分析。

通过表6-1中前测与中测数据的差异比较可以看出，实验组在进行了工作知识、技能和能力培训，组织文化理念培训及团队合作和人际沟通培训后，① 前测和中测的数据在P-O匹配上没有出现显著差异，即员工入职进行组织文化理念培训后，感觉自身与组织的匹配程度没有出现显著的提升，这是正常现象。一方面与员工接受的组织文化理念培训时间较短有关，另一方面，新入职员工在刚入职时总是抱有乐观的心态，感觉自己与组织融合得很好，能够很快接受组织的文化价值理念，但当员工真正进入工作领域之后才会发现，自己在与组织的匹配方面有诸多的不一致，需要与组织长时间磨合，因此，短期内不会有太大的提升。② 中测和前测在P-J匹配及知识、技能维度上出现了显著差异，但在P-J匹配的能力维度上没有出现显著差异，而且通过均值和标准差可以看出，P-J匹配及其知识、技能在中测上的得分要显著高于前测，即随着培训的进行，员工与工作的匹配，尤其是员工掌握的与工作相关的知识与技能有了显著提高，但是能力没有出现显著提升。③ 在进行了团队合作培训及人际沟通培训后，员工的P-G匹配水平有了显著提升，但是P-S匹配上的得分尽管有了提升，效果却不明显，即团队合作培训和人际沟通培训虽然在一定程度上缓解了员工与团队成员的磨合，但在缓解与领导相处的

焦虑方面没有显著效果,这可能与培训时间较短有关。④ 在结果变量方面,员工在工作适应和人际适应上的得分出现了显著增长,而在缓解适应方面的得分增长不明显。这说明随着培训的进行,员工在工作和人际适应方面都有了明显的进步,但由于与环境的磨合需要比较长的时间,因此,环境适应方面的进步不明显。

表6-1　实验组前、中、后测差异检验

	$M \pm SD$			t 检验		
	前测	中测	后测	前中	中后	前后
P-O 匹配	3.703±0.685	3.493±0.785	3.502±0.553	1.763	-0.887	1.554
P-J 匹配	2.960±0.504	3.330±0.820	3.507±0.448	-4.084***	-2.994**	-6.550***
P-J 知识	2.738±0.585	2.951±0.762	3.224±0.883	-2.070*	-2.321*	-3.778***
P-J 技能	2.934±0.614	3.680±0.672	3.889±0.335	-8.136***	-1.998*	-9.667***
P-J 能力	3.209±0.610	3.385±0.651	3.407±0.669	-0.542	-0.034	-2.049*
P-G 匹配	3.462±0.546	3.865±0.741	3.915±0.663	-2.827***	-0.637	-2.949***
P-S 匹配	3.367±0.368	3.421±0.809	3.536±0.442	-0.672	-1.102	-1.638*
环境适应	5.215±1.091	5.042±1.186	5.125±1.002	0.646	-0.342	0.526
人际适应	4.767±1.084	5.057±1.213	5.099±1.073	-2.384***	-0.056	-2.993***
工作适应	4.215±1.064	4.345±1.210	4.486±1.008	-2.092*	-0.736	-2.175*
适应性	4.983±1.071	5.037±0.906	5.233±0.891	-0.099	-1.620	-2.476**

由表6-1中中测与后测的数据差异比较可以看出,后测数据除P-J匹配及其知识、技能和能力与中测数据有显著差异外,其他维度均没有呈现出显著差异,即在只进行与工作相关的知识、技能、能力及组织文化理念培训后,员工在P-J匹配的知识、技能和能力维度上出现了明显的进步,在与组织的匹配方面,尽管也有了进步,但是幅度比较小。由此可以看出,与组织文化的融合是一个长期的过程。另外,在没有进行团队合作和人际沟通培训的前提下,员工在P-G匹配和P-S匹配上仍然有所提高,只是提高幅度不明显,这说明前期的团队合作和人际沟通培训对员工P-G匹配和P-S匹配的保持仍然有持续的作用,即培训的效果是可以保持的。

通过表6-1中前测与后测的数据差异比较可以看出,除P-O匹配和环境适应没有显著进步外,员工在P-J匹配、P-G匹配、P-S匹配及人际和工作适应上均出现了显著差异。具体来说:① 员工持续进行与工作相关的知识、技能和能力培训,因此,相关维度的得分显著高于前测,这在一定程度上也证实了进行职前培训和实习对员工职业适应性的重要作用;② 在工作适应维度上，后测得分显著高于前测数据，这说明员工学习了与工作相关的知识、技能和能力，他们在这三个方面也有了明显的进步，在工作适应方面的能力也有了显著提高；③ 在组织适应方面，由于 P-O 匹配是一个长期而漫长的过程，需要员工与组织长时间进行磨合，因此，在短时间内没有出现显著进步，与之相应的组织适应也没有明显的进步，但这也不能否认 P-O 匹配对员工职业适应与职业发展的重大影响。

2. 控制组前测、中测与后测差异比较及分析

采用配对样本 t 检验，对控制组员工的前测与中测、中测与后测，以及前测与中测的数据进行差异分析，具体如表 6-2 所示。

表 6-2 控制组前测、中测、后测差异检验

	$M \pm SD$			t 检验		
	前测	中测	后测	前中	中后	前后
P-O 匹配	3.648±0.629	3.434±0.884	3.532±0.477	1.521	-1.092	1.437
P-J 匹配	2.900±0.544	3.319±0.821	3.621±0.723	-4.384***	-2.089*	-5.993***
P-J 知识	2.704±0.550	3.160±0.709	3.335±0.387	-5.392***	-1.993*	-6.021***
P-J 技能	2.847±0.651	3.655±0.695	3.963±0.674	-8.826***	-2.683**	-8.376***
P-J 能力	3.250±0.687	3.407±0.652	3.565±0.642	1.268	-1.003	-2.962***
P-G 匹配	3.466±0.687	3.406±0.758	3.843±0.586	1.047	-3.782**	-3.123**
P-S 匹配	3.199±0.546	3.175±0.859	3.324±0.738	0.887	-1.921*	-1.869*
环境适应	4.250±1.107	4.769±1.233	5.133±1.059	-0.929	-1.870*	2.527**
人际适应	4.454±0.991	4.866±1.253	5.387±1.132	-1.107	-2.069*	-2.933**
工作适应	4.255±1.050	4.609±1.292	5.022±1.132	-1.735*	-1.880*	-2.721***
适应性	4.320±0.893	4.650±1.130	5.181±1.168	-1.567*	-1.926*	-2.999***

从控制组前测与中测的数据比较可以发现，在控制组只进行了组织文化理念培训，工作所需的知识、技能、能力培训后：① 控制组的员工即便接受了组织文化理念培训，其在 P-O 匹配上的得分在前测和中测上仍没有出现显著差异，也就意味着即便在接受了组织文化理念培训后，控制组的员工对组织的认同程度依旧没有显著提升；② 员工的前测和中测在 P-J 匹配及其知识、技能两个维度上均出现了显著差异，且中测得分要显著高于前测，这和实验组的结论基本一致。这说明在进行了工作所需的知识、技能和能力培训后，员工在 P-J 匹配方面有了显著提高；③ 在 P-G 匹配和 P-S 匹配得分上，员工的初测与中测没有表现出显著差异，即在只进行了组织文化理念培训与工作所需的知识、技能和能力培训后，没有进行团队合作和人际沟通培训的基础

上，员工在 P-G 匹配和 P-S 匹配方面没有明显进步；④ 在适应性得分上，员工在工作适应上的得分出现了显著提升，但是环境适应和人际适应等适应性上的得分没有表现出显著差异。即进行组织文化理念培训和员工工作知识、技能和能力培训对提升员工的环境和人际适应得分没有显著影响。

通过控制组的中测与后测数据差异比较可以发现，在进行了组织文化理念培训，与工作相关的知识、技能和能力培训，团队合作和人际沟通培训后，除 P-O 匹配和环境适应得分没有显著提高外，其他变量的得分均出现了显著提高。这再次说明 P-O 匹配的提高是一个漫长的过程，而团队合作培训和人际沟通培训对短期内提升员工的 P-G 匹配和 P-S 匹配具有显著作用。

通过控制组的前测与后测数据差异比较可以发现：① 员工从入职开始一直进行组织文化理念培训，但 P-O 匹配始终没有显著提高，这再次说明现实中若要达成与组织的匹配需要很长时间的融合；② 员工从入职开始一直接受与工作相关的知识、技能和能力培训，因此，其在与工作相关的匹配维度上都取得了显著提升，进一步证明了入职前进行 P-J 匹配的有效性；③ 在进行了团队合作培训后，员工在 P-G 匹配得分上有了显著提高，由此可知，用团队合作培训来提高员工的团队合作能力及与团队成员之间的匹配度是非常有效的；④ P-S 匹配的后测得分也显著高于前测水平，但提升力度不如 P-G 匹配大，这可能是因为员工在入职前只是学生，接触过的只有老师，没有正面和领导接触过，不太了解如何与领导相处，另外，提高员工与领导的匹配度仅仅从员工角度入手是不太容易取得成效的，需要配合对领导的培训；⑤ 通过前测和后测数据，可以发现，员工在工作适应、环境适应和人际适应得分上显著高于刚入职时的水平，即通过提升员工的 P-J 匹配、P-G 匹配、P-S 匹配水平，可以提高员工的适应性。

3. 实验组与控制组前、中、后测差异比较与分析

采用独立样本 t 检验对实验组与控制组数据进行差异分析，具体见表 6-3。

表 6-3　实验组与控制组前测、中测、后测差异分析

	P-O 匹配	P-J 匹配	P-J 知识	P-J 技能	P-J 能力	P-G 匹配	P-S 匹配	环境适应	人际适应	工作适应	适应性
前测 t 检验	−0.486	0.817	0.424	0.984	0.648	−0.333	−1.087	−0.226	−1.289	−0.268	−0.699
中测 t 检验	1.105	0.196	−1.215	0.278	−0.805	2.877**	2.147**	1.506	2.109*	0.443	0.475
后测 t 检验	−0.905	−1.069	−1.008	−0.591	−1.376	1.066	1.700	−0.099	−1.702	−1.125	−1.097

由表 6-3 可以看出：① 在前测数据的差异比较方面，实验组和控制组在 P-O 匹配、P-J 匹配及其维度（P-J 知识匹配、P-J 技能匹配、P-J 能力匹配）、

适应性及其维度（环境适应、人际适应、工作适应）上均没有表现出显著差异，即实验组和控制组的随机分配比较均衡。② 在中测数据上，两组员工同时进行了与工作相关的知识、技能和能力培训及组织文化理念培训。除此之外，实验组的员工还进行了团队合作和人际沟通培训。通过中测数据比较我们可以看出，在 P-G 匹配和 P-S 匹配方面，实验组的员工得分要显著高于控制组，且在人际适应方面，实验组的员工得分也显著高于控制组。这说明，在进行了 P-G 匹配和 P-S 匹配培训后，实验组员工的 P-G 匹配和 P-S 匹配水平有了显著提高，且员工的人际适应能力也随之提高。这证实了 P-G 匹配和 P-S 匹配培训课程设计的有效性，也用实践验证的方式证实了研究 1 的结论，即 P-G 匹配和 P-S 匹配对员工的适应性具有预测效应，通过提高 P-G 匹配和 P-S 匹配即可提高员工的职业适应性。③ 在后测数据上，实验组和控制组的员工在所有维度上均没有出现显著差异，一方面，这说明进行团队合作培训和人际沟通培训能够提高员工 P-G 匹配和 P-S 匹配及适应性的有效性，另一方面，还证实了这种培训效果具有延续性，因此，在职前进行匹配性培训对员工入职后的发展非常有帮助，且效果显著。

四、讨论

（一）验证研究的理论意义

此验证研究扩充了匹配研究的应用领域，实现了实证研究成果向实践研究的转化，从质性和量化两个角度出发证实了 P-J 匹配、P-O 匹配、P-G 匹配和 P-S 匹配对新入职员工职业适应性的影响。研究在理论方面有几点创新：

（1）基于 O*NET 工作分析系统，开发出针对具体工作及具体组织的 P-J 匹配问卷和 P-G 匹配问卷，将匹配问卷的开发与工作分析相结合，使得问卷能够针对具体工种和企业，对于尚未入职的员工或者对工作不熟悉的员工来说，是非常好的匹配性评价工具；

（2）开发出基于 P-G 匹配和 P-S 匹配的团队合作和人际沟通课程，并验证了其对于提高 P-G 匹配和 P-S 匹配的有效性；

（3）通过提高员工的 P-J 匹配、P-G 匹配和 P-S 匹配来提高员工的职业适应性，用实践验证的方式证明了实证研究结论的有效性。

（二）验证研究的实践意义

此验证研究给人力资源管理界提出了新的管理建议，在新入职培训的过程中需要注意以下几点：① 对新入职员工进行组织文化理念的培训可以在一定程度上提高员工与组织的匹配性，但是这种效果不是特别明显，需要长时间的熏陶与磨合。② 尽早对新入职员工进行与工作相关的知识、技能和能力培训不但可以提高员工与工作的匹配度，还可以对员工的工作适应起到非常重要的作用。为了提升员工的工作适应能力，入职前员工的实习期应尽可能长一些。③ 对新入职员工或者未入职的员工进行团队合作培训和人际沟通培训可以提高员工与团队的匹配性，但是对提高 P-S 的匹配效果不如提高 P-G 匹配的效果明显，因此，不仅应该在员工入职前进行团队合作培训和人际沟通培训，而且为了提高员工与领导的匹配，还应该从领导角度出发，对领导进行领导力和管理技能的培训，这样从双方角度进行培训可以更好地提高员工与领导的匹配程度。④ 推广到大学生的职业生涯规划中，在大四学生即将入职前，对他们进行与未来工作相关的知识、技能和能力的系统培训及团队合作培训和人际沟通培训，可以在一定程度上缓解学生在进入新的工作环境后的焦虑程度，提高学生对职业环境和人际环境的适应能力。

五、验证研究 1 的结论

通过验证研究得出以下结论：

（1）对新入职员工进行组织文化理念培训在短时间内不能有效地提升员工与组织的匹配程度；

（2）对新入职员工进行与工作相关的知识、技能和能力培训可以有效地提升员工对工作知识和技能的掌握程度，但对员工工作能力的提升效用明显；

（3）对新入职员工进行团队合作培训和人际沟通培训，可以有效地提升 P-G 匹配及 P-S 匹配，但是在提升效果上，对 P-G 匹配的效果提升要好于对 P-S 匹配的提升；

（4）对新入职员工进行组织文化理念培训，与工作相关的知识、技能和能力培训，团队合作培训，人际沟通培训，不仅可以有效提高 P-J 匹配度、P-G 匹配度及 P-S 的匹配度，而且可以通过提高 P-J 的匹配度、P-G 的匹配度及 P-S 的匹配度来提升新入职员工的职业适应性，尤其是促使员工更好地适应新的环境和新的人际关系，这在一定程度上证实了研究 1 的实证结论。

第二节　多边匹配对老员工、团队士气影响的验证研究

一、研究背景与目的

（一）研究背景

员工培训是企业提高员工素质、实现员工内涵式发展、提高企业核心竞争力的客观需求，也是提供给员工学习新知识、与其他企业成员进行交流、激励员工、提高企业凝聚力的重要途径。

首先，随着国内外企业的快速发展，国内企业，尤其是中小微型企业，在薪资等远不如外企的情况下，要想留住员工，提高企业核心竞争力，培训是一种非常好的途径。其次，随着企业多元化的发展，企业对员工提出了更高的要求。要想在短时间内充实自己，提升自己对企业的价值，参加培训学习不失为一种有效途径。第三，国务院提出要推进人才培养模式创新，这对企业原有的人才培养模式提出了新的挑战，同时对员工的发展模式提出了新的要求。因此，员工培训贯穿于员工发展和企业发展的各个阶段，好的培训可以降低员工与工作的不匹配。

但是国内的员工培训有几点需要改进。① 不了解自己的需求。国内员工培训大多以随大流的形式进行。尤其是中小微型企业，看到大型国企或外企在进行培训，也就认为自己的员工也需要培训，但是对于为何培训，培训的具体目标不甚了解。因此，对于国内的企业来说，需要在培训之前进行需求测试，比如工作分析等，以了解自己的企业在什么方面出了问题，有针对性地进行特色培训，使得培训能够目标明确。② 除此之外，国内企业对培训的重视力度比较大，相比之下，对培训效果的评估与考核力度却比较小。没有细化培训效果的验收指标。这一方面不利于提高员工参加培训的积极性，使培训流于形式，另一方面也使培训效果难以推广和共享，培训效率低下。

因此，基于匹配因素对老员工、团队士气的影响机制进行匹配性培训，具有目标性的实际意义。

（二）研究目的

基于匹配因素对老员工、团队士气影响的整合模型制定企业员工匹配性

干预措施（主要是 P-G 匹配和 P-S 匹配），并验证其有效性。

（三）研究假设

研究采用实验组、控制组循环论证的研究方法，对第五章的数据模型进行验证。根据研究 2 的结论，P-O 匹配、P-J 匹配对老员工、团队士气具有预测效力，P-G 匹配和 P-S 匹配在 P-O 匹配、P-J 匹配对老员工、团队士气的影响中起调节作用。根据验证研究的设计流程，提出本验证研究的假设，具体如下：

H_1：在 P-G 匹配、P-S 匹配，以及老员工组织认同、满意度、工作投入和团队效能与团队凝聚力结果变量上，实验组前测与中测存在显著差异，中测数据要显著高于前测数据；在其他匹配维度比如 P-O 匹配、P-J 匹配维度上，前测与中测不存在显著差异；

H_2：在所有匹配因素和所有结果变量上，实验组中测与后测数据不存在显著差异；

H_3：在 P-G 匹配、P-S 匹配，以及员工组织认同、满意度、工作投入和团队效能与团队凝聚力变量上，实验组前测与后测存在显著差异；

H_4：在所有匹配维度和员工、团队的结果变量上，控制组前测与中测不存在显著差异；

H_5：在 P-G 匹配、P-S 匹配，以及员工组织认同、满意度、工作投入和团队效能与团队凝聚力变量上，控制组中测与后测存在显著差异；

H_6：在所有匹配维度和员工、团队的结果变量上，控制组前测与后测存在显著差异。

二、方法

（一）被试

选取山东、浙江共两家企业的员工总计 300 人。实验组 150 人，控制组 150 人。后期流失 17 人。保留有效数据 273 份，其中男 68 人、女 178 人，缺失数据 27 人。工作年限 1~2 年的 150 人、2~5 年的 56 人、5 年以上的 40 人，缺失数据 27 人。其中普通员工 205 人、基层领导 26 人、中层领导 13 人、高层领导 2 人，缺失数据 27 人。实验组与控制组随机分配。

（二）研究方法

问卷调查法、访谈法、培训法。

（三）研究工具

匹配问卷、员工士气问卷、团队士气问卷、培训材料。

(四) 研究流程

研究分为问卷调查和培训两个大部分。具体流程如图 6-8 所示。

第一步：被试筛选。选取山东、浙江的两家企业各 10 个团队，共 300 人。随机将团队分成两组，一组为实验组，一组为控制组。

第二步：前测。将实验组和控制组员工同时进行匹配性和员工、团队士气前测，确定两组员工、团队士气的基值。

第三步：实验组培训。实验组进行 P-G 匹配和 P-S 匹配培训，培训内容包括团队合作培训和人际沟通培训，对照组不进行干预。

第四步：中测。实验组培训结束后，对实验组和控制组的员工同时进行匹配性和士气中期测试，便于与前测数据进行比较，考察培训的效果。

第五步：控制组培训。中期测试完毕后，对实验组不做干预，对控制组进行团队合作培训和人际沟通培训。

第六步：后测。控制组进行培训后，实验组和控制组同时进行匹配性和士气后测，将前、中、后测数据进行比较，并将实验组和对照组进行比较，分析培训的效果。

第七步：提出建议对策。根据干预的方式和效果，为企业管理者提供建设性的建议与意见。

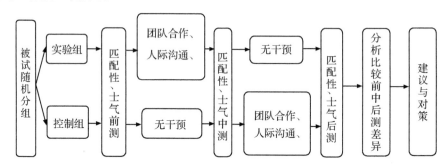

图 6-8　匹配因素对员工、团队士气影响的验证研究

(五) 数据处理

采用 SPSS 16.0 和 AMOS 8.0 方法对数据进行处理。

三、研究结果

鉴于在企业内部的培训采用不记名的方式进行问卷作答，实验组和控制组的前测、中测、后测没有采用配对样本，因此，均采用独立样本 t 检验进行差异性检验。

（一）实验组前测、中测与后测的匹配性、士气差异比较

采用独立样本 t 检验对实验组和控制组的前测、中测与后测数据进行比较，结果如表6-4、表6-5所示。

表6-4 实验组的前测、中测与后测差异比较

	$M \pm SD$			t 检验		
	前测	中测	后测	前中	中后	前后
P-O 匹配	3.879±0.581	3.995±0.589	3.988±0.538	-0.993	0.054	-0.784
P-J 匹配	3.958±0.639	4.000±0.550	3.946±0.496	-0.548	0.632	0.083
P-G 匹配	3.975±0.551	4.429±0.459	4.364±0.544	-4.608***	0.598	-2.880**
P-S 匹配	3.881±0.422	4.025±0.693	3.948±0.598	-2.113**	0.234	-1.949*
组织认同	4.925±1.248	5.820±0.869	6.036±0.693	-4.368***	-1.162	-4.265***
满意度	3.804±0.681	3.901±0.468	3.852±0.572	-0.882	0.438	-0.308
工作投入	3.575±0.562	3.876±0.611	3.848±0.641	-2.534**	0.200	-2.231*
团队效能	4.034±0.661	4.143±0.497	4.192±0.455	-0.972	-0.446	-1.092
团队凝聚力	4.010±0.578	4.444±0.489	4.389±0.569	-4.131***	0.472	-2.682**

表6-5 控制组的前测、中测与后测差异比较

	$M \pm SD$			t 检验		
	前测	中测	后测	前中	中后	前后
P-O 匹配	3.858±0.815	3.985±0.589	3.957±0.681	-0.898	-1.173	-0.809
P-J 匹配	3.925±0.702	4.022±0.550	4.041±0.788	-0.766	-0.875	-0.933
P-G 匹配	3.897±0.437	3.929±0.459	4.154±0.679	-0.923	-2.008**	-2.517*
P-S 匹配	3.356±0.870	3.683±0.726	3.993±0.767	-1.587	-2.210*	-2.361*
组织认同	4.725±1.230	4.654±0.485	5.829±1.007	1.464	-8.543***	-10.329***
满意度	3.693±0.756	3.863±0.642	3.908±0.721	-0.945	-0.283	1.481
工作投入	3.467±0.743	3.714±0.636	4.149±0.640	-1.536	-2.550*	-4.067***
团队效能	4.022±0.612	4.084±0.599	4.198±0.584	-0.404	-1.070	-1.443
团队凝聚力	3.823±0.608	4.012±0.764	4.269±0.580	-1.814*	-1.772	-3.813***

从表6-4、表6-5可以看出：① 实验组实施培训前后，员工在 P-G 匹配、P-S 匹配、组织认同、工作投入和团队凝聚力得分上出现了显著差异（$p < 0.05$），在团队效能得分上呈现出边缘显著差异（$p = 0.062$）。具体表现为，实施培训后员工的 P-G 匹配、P-S 匹配、组织认同，以及工作投入和团队凝聚力得分显著高于培训前。这可能是培训起的作用，也可能是员工发展的正常

现象。②但是在对控制组的前测与中测进行独立样本 t 检验后发现，控制组在没有实施匹配性培训、只对匹配进行概念和口号学习的情况下，其前测与中测数据在所有结果变量上均没有呈现出显著差异。即在没有培训、控制组在其他方面都和实验组相同的条件下，却没有发现结果变量方面的显著差异。③通过对控制组的中测与后测数据进行独立样本 t 检验发现，在对控制组进行了匹配性培训以后，控制组的中测数据与后测数据在 P-G 匹配、P-S 匹配、组织认同、工作投入，以及团队凝聚力等变量上呈现出显著差异，在团队效能变量上表现为边缘显著（$p=0.081$）。

因此，通过上面三个结果可以断定实验组的前测和中测在 P-G 匹配、P-S 匹配、组织认同、工作投入和团队凝聚力得分上的差异，以及控制组的中测和后测在 P-G 匹配、P-S 匹配、组织认同、工作投入和团队凝聚力得分上的显著差异均是由匹配性培训引发的。即通过对实验组员工进行团队合作和人际沟通培训等一系列培训，员工的 P-G 匹配和 P-S 匹配得到了显著提高。在研究 2 中，我们得知，员工的 P-G 匹配、P-S 匹配在 P-O 匹配和 P-J 匹配对员工的组织认同、工作投入和团队凝聚力的影响中起调节作用。因此，通过提高员工与团队的匹配程度，也可以提高员工的士气和团队凝聚力。这也为研究 2 提供了实际的证据。

另外，通过实验组中测与后测的数据比较可以发现，在培训结束后的一段时间内，中测数据与后测数据在所有匹配维度和结果变量上没有出现显著差异。而实验组的前测数据与后测数据依旧在 P-G 匹配、P-S 匹配、组织认同、工作投入和团队凝聚力得分上表现出显著差异，即在培训结束后的一段时间内，员工在 P-G 匹配、P-S 匹配、组织认同、工作投入和团队凝聚力上的得分依旧显著高于培训前；即便在培训结束后，没有培训的情况下，培训效果仍旧持续，说明课程的干预非常有效。这再次验证了通过提高员工的 P-G 匹配、P-S 匹配即可提高员工的士气、团队效能和凝聚力。

对实验组和控制组的前测、中测、后测数据进行独立样本 t 检验后发现，在前测上两者不存在显著差异，即两组被试具有同质性；在中测上，实验组的 P-G 匹配、P-S 匹配及组织认同、工作投入和团队凝聚力显著高于控制组，即控制组在进行了团队合作和人际沟通培训后，其 P-G 匹配和 P-S 匹配有了显著提升，同时，组织认同、工作投入和团队凝聚力也有了显著提升；在后测上两者在所有变量上也不存在显著差异，说明通过提升员工与团队和领导的匹配度，进而提升员工的组织认同、工作投入和团队凝聚力是非常有效的，而且效果可以持续（表 6-6）。

表 6-6　实验组与控制组的前测、中测、后测差异

	P-O 匹配	P-J 匹配	P-G 匹配	P-S 匹配	组织认同	满意度	工作投入	团队效能	团队凝聚力
前测 t 检验	0.586	0.817	1.033	1.187	1.226	1.289	0.268	0.099	1.347
中测 t 检验	0.871	-0.196	2.877**	2.147**	5.506***	1.109	2.443*	1.475	2.721**
后测 t 检验	0.905	-1.069	1.566	-1.090	1.099	-0.702	-1.725	-1.097	1.623

四、讨论

验证研究表明，不论是实验组还是控制组，在进行了团队合作和人际沟通培训后，其 P-G 匹配和 P-S 匹配维度的得分均有显著提高，而其他匹配维度尽管在数值上有所增加，但增加幅度均没有达到显著水平，这一方面说明，员工在参加实验这段时间内，其与组织和工作的匹配度均有了提高，这与现实中正常的员工发展路径一致，另一方面，这也说明研究设计的用来提高员工与团队匹配、员工与领导匹配的课程是有效的，可以推广。

另外，无论是实验组还是控制组，在 P-G 匹配、P-S 匹配得到提高以后，其组织认同度、工作投入度和团队凝聚力均有显著提升，但是满意度没有显著提高，控制组的团队效能也有了显著提高。该结果并没有完全验证假设。一方面，在第五章的研究结论中，P-G 匹配只能对员工的组织认同、工作投入度和团队效能进行有效调节，P-S 匹配能够对员工的工作投入、团队效能和团队凝聚力进行调节，对员工满意度的调节效应不显著，验证研究用实践验证的方式再次证明了第五章结论的有效性。另一方面，员工满意度涉及员工对组织环境的满意、对薪酬的满意、对组织目标的满意、对人际关系的满意，等等，仅仅通过 P-G 匹配、P-S 匹配培训，很难全方位提高员工的满意度，因此，满意度没有出现显著差异是可以理解的。另外，在团队凝聚力方面，团队凝聚力包括目标一致、行为一致和情感一致三个维度，通过团队合作培训、人际沟通培训，理应能够提高团队的凝聚力，但是我们发现，团队凝聚力在培训前后均处于较高水平，即员工感知到的团队凝聚力本身就处于较高的水平（实验组培训前为 4.010，控制组培训前为 3.823），因此通过培训可以提高（实验组培训后为 4.389，控制组培训后为 4.269），但很难再提高到新的层次。

因此，在人力资源管理实践中，对于企业员工来说，P-O 匹配、P-J 匹配非常重要，可以直接影响到他们的绩效等，但是 P-G 匹配和 P-S 匹配作为调节员工态度和行为的润滑剂，也非常重要。在 P-O 匹配很难在短时间内提高，长时间的入职使得 P-J 匹配较高且对工作非常熟练又没有新鲜感的情况下，适

时地提高员工的 P-G 匹配和 P-S 匹配也可以在短时间内取得较好的成效,对员工士气和团队士气均有较好的作用。这也是现在人力资源管理界非常重视团队建设的原因之一。

五、结论

验证研究得出以下结论:

(1) 基于 O*NET 工作分析开发出的针对具体工种的 P-J 匹配问卷和 P-O 匹配问卷具有良好的信效度;

(2) 对新入职员工进行组织文化理念培训可以有效提高 P-O 匹配水平;进行与工作相关的知识、技能和能力培训对于提高 P-J 匹配非常有效;进行团队合作培训和人际沟通培训可以有效提高 P-G 匹配、P-S 匹配水平;

(3) 提高新入职员工的 P-O 匹配、P-J 匹配、P-G 匹配和 P-S 匹配水平后,其对组织环境的适应性和人际适应性均得到了显著提高,但其对工作适应性的提高不显著,即通过提高新入职员工与组织各方面的匹配度可以在一定程度上提高其职业适应性;

(4) 通过提高老员工的 P-G 匹配和 P-S 匹配,其组织认同、工作投入和团队的效能均得到了显著提高,即通过提高老员工的 P-G 匹配、P-S 匹配就可以提高员工的组织认同、工作投入和团队的效能;

(5) 研究从实践验证的角度对第五章的结论进行了补充。

六、研究的不足与展望

由于时间短,资源不充裕,研究仅开发出了适合提高 P-G 匹配、P-J 匹配、P-G 匹配、P-S 匹配的课程,并验证了其对员工、团队士气影响的有效性,没有开发出与其他匹配性相对应的课程。另外,开发的课程比较简单。比如,P-J 匹配采用师徒制或导师制的形式一对一教学,或邀请专家对新的知识和技能进行传授、演示与讲解,比较单一。可以进一步考虑每周举办经验交流分享会,要求技术骨干来分享其成功或失败的案例与经验,或者采用讲座的形式,或者让员工有经常外出学习的机会,去了解与企业相关的其他企业是如何运行的,让员工可以提高自身所具备的与工作相关的知识、技能和能力,为提高自身与企业的核心竞争力打好基础。P-O 匹配只进行了组织文化理念相关的讲座培训,比较单一。可以考虑贯穿企业运营的点点滴滴,或对企业环境卫生的要求、对工服的要求、对上下班制度的要求等要符合企业制定的日常行为标准,使员工的每个行为都能代表组织形象,对员工进行的每日早训、例会要贯彻企业的核心价值理念,对每一个员工及其家人进行等同的人文关怀等,让员工能时刻感受组织的存在,提高员工的归属感。另外,P-G 匹配和 P-S 匹配的课程设计也应该进一步改善。比如 P-S 匹配涉及员工与领导的直接交互,对领导来说是一个比较大的挑战。有研究表明,领导对下属的关怀与宽容可以直接影响员工对工作的态度(张兰霞等,2021),也有研究表明,领导的专业技能高低可以直接影响员工对领导的印象和团队的效能(井润田,胡思瑶,2014)。因此,若想提高员工与领导的匹配度,一方面,要通过工作中领导与成员的接触弱化员工与领导之间的权力界限,让领导能够亲近员工;另一方面,要提高领导自身的素质,包括专业素质和心理素质等,比如学习人际沟通的技巧等。

总之,若想全面提高员工与团队的核心竞争力,必须开发出集组织文化理念培训、KSA 培训、团队合作培训等于一体的系统干预方案。

第三节 验证研究的综合讨论

关注员工与企业的多边匹配是建设健康型学校和健康型组织,甚至是健康型社会必须考虑的因素。员工与组织的多边匹配对于组织进行多项重要决策具有非常重要的影响,对提高组织的韧性、提高组织的应变能力、有效地留住员工,进而提高员工的满意度和组织认同有非常重要的作用。首先,对于学校来说,教育不仅仅是对学生知识和技能的传输,使得个体在面临就业的时候能够寻求到与自身专业相符的工作,更重要的是要形成良好的学校氛围,训练学生强有力的心理素质,在学生就业前对其进行多边匹配培训,让学生了解到 P-O 匹配、P-G 匹配和 P-S 匹配对其职业适应性和职业发展的重要作用,而非仅仅关注 P-J 匹配。其次,学校要建立良好的职业生涯咨询办公室,帮助学生明确自己的职业定位,了解自身的价值观和性格特点,以便为其寻求与其价值观相契合的组织奠定基础。最后,除了与工作相关的知识、技能和能力培训外,学校应对入职前学生进行心理健康教育培训,比如团队合作、人际沟通、情绪疏导、压力管理等方面的培训,这对学生入职后尽快适应新的工作环境,取得好的 P-G 匹配、P-S 匹配有非常重要的帮助。

健康型组织建设要求组织关注员工的心理健康,对员工进行集家庭、企业整合于一体的互动心理援助,让员工能够有强大的心理资本和社会支持来面对生活或工作中遇到的危机或挑战。有研究者对健康型组织建设提出了新的要求，即实现员工价值观与组织企业文化的匹配是实现健康型组织的前提。文化是组织的核心，是组织能否有效应对挑战、将员工整合起来并取得成功的关键。只有员工感知到自身价值观与企业文化相融合，他才会愿意留在企业中，才会感到心情舒畅、工作愉快，才会体验到强烈的归属感和组织认同感。因此，组织建设多元化的文化氛围以接纳多元化的员工，实现 P-O 匹配是建设健康型组织、应对变化剧烈的国际竞争环境的首要前提。因为只有企业具有多元化的文化，它才会将具有不同背景、不同阅历、不同经验、不同思维模式和行为方式的多元化员工包容在一起，才能拥有多元化的竞争性强的团队，才能在面对竞争和挑战时迸发出创新性的应对策略，才能应对不断变化的商业需求和商业环境。

企业中多边匹配理论的应用主要用于员工选拔与培训两个方面。人力资源管理人员认为，是否能够选拔到合适的员工对提高组织的核心竞争力来说非常重要。因为选拔到与组织和工作各方面都匹配的员工能够有效增加员工的工作产出、工作投入，减少员工的流失率。本研究的实证研究也得出了结论，P-G 匹配和 P-S 匹配对新入职员工职业适应性具有预测效应，这种效应会受到 P-O 匹配和 P-J 匹配的调节，P-O 匹配、P-J 匹配对老员工的满意度、工作投入和组织认同都具有预测效应，P-G 匹配、P-S 匹配在其中起调节作用。而且本次验证研究又从实质性的角度证实了员工与组织的多边匹配对员工职业适应性和员工士气的重要影响。因此，在员工选拔阶段，人力资源管理人员应该注重多种匹配因素共用，综合考察员工自身特点与组织、工作的契合性，减少因为过分注重某一方面而导致的资源浪费。

在员工培训的设计上，应首先对员工、团队和组织现状进行具体考核评估。这种考核、评估旨在找出员工所具备的知识、技能、能力与当前工作所需的 KSA 之间的差距，员工所持的价值观与组织价值观、愿景之间的差距，员工的短期目标与团队目标之间的契合度，员工与领导在性格、价值观等方面有无差距等。如果发现有不合适或匹配不好的方面，那么一种办法是对员工进行调岗，因此，岗前轮岗对员工来说是提高其与工作匹配度的行之有效的方法；另一种办法就是培训，培训的终极目的在于最大程度地减小员工与组织、员工与工作、员工与领导、员工与团队之间的差距，促进两者的匹配。因此，企业应定期对企业内的工作岗位进行分析，对岗位与部门之间的关系进行梳理，对员工的需求进行考察和倾听，对员工提出的建议加以整合，对组织的战略目标和愿景进行调整，以此为依据来确定考核内容和培训目标，提升员工的素质和能力。培训可采用导师制、工作示范、在职培训等多种方式相结合的方式。

另外，已有研究的研究对象都是组织中的员工，尚未有研究从即将入职的应届毕业生入手，而他们面临学、职转换的困境，如果此时进行多边匹配的培训，可以缓解员工在由学生转变为员工的过程中所面临的环境焦虑、人际焦虑等，在一定程度上对他们的未来职业适应有一定的帮助。

以往的研究总是一而概之，没有区分出多边匹配好坏对不同阶段员工的影响效应，更没有研究涉及对员工进行职前干预。而对于即将入职的员工来说，入职前干预对他们很好地适应未来的职业会起到非常重要的作用。

另外，验证研究还表明，对员工进行大量的组织文化理念培训只能起到事倍功半的效果，要想提高员工与领导的匹配程度仅仅对员工进行培训是远远不够的，更需要同时对领导进行培训，让领导能够更多地与员工进行交流，用更亲民的方式与员工相处。

第四节　验证研究的创新与意义

通过设计培训方案，对多边匹配影响员工、团队士气的机制进行验证研究，不仅证实了大部分的研究假设，而且在研究中体现了以下的创新点和价值。

第一，基于 O*NET 工作分析系统，开发出针对具体企业的 P-O 价值观匹配问卷及针对具体工种的 P-J 匹配问卷，将以往泛化的问卷具体化，更适合企业现状，结论更有说服力，从更具体的角度丰富人与环境匹配的测量工具。

第二，开发出基于"人-环境"匹配理论的新员工职业适应性、"员工-团队"士气的 P-O 匹配、P-J 匹配、P-G 匹配和 P-S 匹配干预措施，并进行干预和追踪研究，为管理实践提供了良好的建议。

第三，从人与环境匹配的角度出发，从实践的角度验证了 P-J 匹配、P-G 匹配、P-S 匹配对新入职员工职业适应性，以及老员工士气和团队士气的影响，并考察了随时间推移，多边匹配因素对结果变量持续的有效性，实现了实证研究成果的实践转化。

第七章

总结与反思

第一节 研究的主要结论

一、多边匹配对新入职员工职业适应性影响的研究结论

（1）P-G 匹配、P-S 匹配对新入职员工职业适应性具有预测效应，且 P-G 匹配的预测效应要大于 P-S 匹配；

（2）P-G 匹配不仅可以直接影响新入职员工的职业适应性，还可以通过 P-S 匹配对新入职员工的职业适应性产生间接影响；

（3）P-J 匹配、P-O 匹配在 P-S 匹配对新入职员工职业适应性的影响中起调节作用。

二、多边匹配对老员工士气、团队士气影响机制的研究结论

（1）P-J 匹配在 P-O 匹配对老员工组织认同的影响中存在完全中介效应，在 P-O 匹配对员工满意度和工作投入的影响中起部分中介作用；

（2）P-G 匹配和 P-S 匹配在 P-O 匹配对老员工组织认同和工作投入的影响中起调节作用，但这种调节作用不会通过 P-J 匹配的中介作用而起作用，因此，P-G 匹配和 P-S 匹配仅为简单的调节变量，不是有中介的调节变量；

（3）P-J 匹配在 P-O 匹配对老员工团队凝聚力和团队效能的影响中均存在部分中介效应；

（4）P-G 匹配、P-S 匹配在 P-O 匹配对老员工团队凝聚力和团队效能的影响中存在调节效应，但这种调节效应没有通过 P-J 匹配的中介路径起作用，因此，P-G 匹配和 P-S 匹配仅为简单的调节变量，不是有中介的调节变量；

(5) P-J 匹配对老员工团队凝聚力的影响受到 P-S 匹配的调节，因此，P-J 匹配为有调节的中介变量；

(6) P-J 匹配、员工士气在 P-O 匹配对老员工团队士气的影响中起中介作用，中介路径有三条：P-O 匹配→团队士气、P-O 匹配→P-J 匹配→团队士气、P-O 匹配→P-J 匹配→员工士气→团队士气；

(7) P-G 匹配、P-S 匹配在 P-O 匹配对老员工团队士气的影响中起调节作用，这些调节效应不会通过 P-J 匹配和员工士气的中介路径起作用，因此，P-G 匹配和 P-S 匹配仅为简单的调节变量，不是有中介的调节变量。

三、多边匹配对老员工行为有效性的验证研究结论

(1) 通过团队合作培训和人际沟通培训，P-G 匹配和 P-S 匹配水平得到了显著提高，这说明团队合作培训和人际沟通培训对提高 P-G 匹配、P-S 匹配水平是非常合理有效的；

(2) 通过提高 P-G 匹配、P-S 匹配水平，老员工的组织认同、工作投入和团队效能均得到了显著提高，即通过提高员工的 P-G 匹配、P-S 匹配就可以提高员工的组织认同、工作投入和团队效能。

第二节 研究的创新之处

目前关于匹配因素对员工态度和行为影响的研究已经基本得出了一致的结论，即 P-O 匹配、P-J 匹配、P-G 匹配和 P-S 匹配良好，均会使员工有积极的态度和行为。但关于多边匹配对员工态度和行为的影响研究仍存在许多不足，本研究从以下几个方面进行了探索与弥补。

第一，前人研究尚缺乏 P-O 匹配、P-J 匹配、P-G 匹配和 P-S 匹配对员工行为和态度影响的内在机制，多是以匹配因素为自变量，组织承诺、满意度、"领导-成员"关系等为中介或调节变量来探索匹配因素对员工态度和行为（创新行为等）的影响。

第二，前人研究尚缺乏对不同工作年限、不同职位的员工进行分类研究，即以往研究在对员工特点没有区分的情况下，统合探索某一种匹配维度对员工的影响。但是处于不同职业阶段的员工，匹配因素对员工的态度和行为影响的作用机制是不一样的。比如即将入职的员工或者新入职员工在面临职业

适应性的情况下，他们更看重的是与团队和上级的匹配，与工作的匹配或者与组织的匹配会起到调节作用，但是工作年限越久，与团队和领导的磨合越好，与组织的匹配对员工来说就更加重要，另外，与工作的匹配是否良好也会直接影响到员工的绩效等，因此，对他们来说也非常重要。

第三，前人关于多边匹配应用的研究，其对象只涉及员工，但是员工的匹配是否良好不仅会直接影响到其自身的满意度、组织承诺、离职倾向等态度和行为，进而还会影响到团队的效能和凝聚力，因此，仅从员工个体层面进行匹配研究具有局限性。

第四，前人研究大多为量化研究，只是探索了匹配因素对员工态度和行为影响的作用机制，没有开发出进行干预的具体方案，因此，进行验证研究也是匹配研究领域的一个新方向。

因此，本研究在以上四个方面进行了创新性探索，以期为多边匹配研究领域增添新的进展。

一、创新点一：开展了多边匹配对员工态度和行为影响的整合研究

以往研究都是孤立地探索某一匹配因素对结果变量的影响，本研究在前人研究的基础上，将P-O匹配、P-J匹配、P-G匹配和P-S匹配放在同一研究中开展整合研究，具体探索它们对新入职员工职业适应性的影响及对老员工组织认同、工作投入和满意度的影响，以及对团队效能和团队凝聚力的内在作用机制。

二、创新点二：从纵向的角度，探索多边匹配对处于不同职业阶段员工行为变量的影响

本研究从纵向的角度，将研究对象进行了区分，探索多边匹配对处于不同职业阶段的员工（新入职员工、老员工）行为变量影响的独特作用机制。

三、创新点三：将研究对象从个体层面扩展到团队层面

将研究对象从普通的员工扩展到职前学生及团队层面，探索多种匹配因素对职前学生职业适应性、团队士气影响的作用机制，为基于个体和团队水平的员工职业发展提供了科学依据。

四、创新点四：开发出基于多边匹配的员工行为干预方案

根据匹配因素对员工态度和行为影响的作用机制，开发出相应的员工行

为干预方案以验证作用机制的有效性，并将这种干预方案应用于职前、职后的员工干预和追踪研究，从理论和实践相结合的角度对匹配因素对员工态度和行为影响的作用机制予以验证。研究结果证实了提高 P-G 匹配和 P-S 匹配水平对提高员工职业适应性、员工组织认同、工作投入和团队凝聚力的有效性，为管理实践提供了科学依据。

五、开发出针对具体组织的 P-O 匹配问卷和针对具体工作的 P-J 匹配问卷

采用访谈和问卷调查的方式，基于 O*NET 工作分析系统，开发出针对具体企业的 P-O 匹配问卷和 P-J 匹配问卷，将以往泛化的问卷具体化，使得问卷更适合企业现状，结论更有说服力。

第三节 研究的不足与展望

一、研究的不足

尽管本研究在前人的基础上有一些创新，但鉴于时间等资源不充裕，本研究依旧存在非常多的不足。

第一，在人与环境匹配性因素的整合研究方面，只考察了 P-O 匹配、P-J 匹配、P-G 匹配和 P-S 匹配对员工态度和行为影响的内在作用机制，没有考察多边匹配因素的前因变量，比如人口统计学变量、人格特质、心理资本等，因此，该研究尚不全面。

第二，在团队层面的研究，只考察了多边匹配因素对工作年限 1 年以上的员工工作团队士气的影响，没有研究匹配因素对新入职员工工作团队影响的作用机制。

第三，本研究的结果变量仅限于员工和团队两个层面，没有涉及组织层面的变量，例如匹配因素对组织绩效、组织氛围的影响等。另外，没有细化结果变量之间的关系，例如员工的组织认同、满意度与工作投入之间的关系，团队凝聚力与团队效能之间的关系等。

第四，本研究选取的变量指标大多为主观的感知类指标，如员工职业适应性、组织认同、满意度、团队效能和团队凝聚力等，使得结果在精度上有所欠缺。如果采用更为精准、全面和客观的指标，例如他人的评价、员工真正的阶段性考核和年度考核得分、团队排名等，结果会更客观、精准。因此，在未来的研究中，可以进一步寻找更可靠、可量化的客观指标，从而更准确地研究匹配因素与个人层面和团队层面结果变量之间的关系，为提高员工匹配度及个人、团队绩效提供明确、有效的措施。

第五，在匹配因素对员工态度和行为影响的干预方案设计上，尚存在诸多不足，干预方案有待进一步完善。

二、研究展望

在未来关于匹配因素的研究方面，可能会有以下进展。

第一，实证研究方面。其一，将研究对象从个体层面拓展到团队层面和组织层面，比如探索多边匹配对组织氛围和组织绩效的影响。其二，采用纵向视角，探索多边匹配对未入职员工、新入职员工和老员工职业发展的影响机制。其三，探索匹配维度的具体内容，如P-O目标一致性匹配、P-J的KSA匹配等对不同工种与不同职业阶段的人群、不同结果变量的具体影响效用及影响机制。其四，关注对匹配因素影响的前因变量，例如心理资本、组织文化、工作性质、工作年限、工作类型等，扩充对匹配因素的应用研究。

第二，管理实践方面。一方面，将多边匹配对员工态度和行为影响的思想，尤其是员工与组织的匹配对员工职业发展的影响思想，贯穿到人力资源管理实践的每一个环节，从员工招聘、企业内员工的匹配状况到员工培训，实现多边匹配对管理实践指导的整体性和推移性，不仅要关注入职后的员工与组织的匹配状况，还应关注对即将入职的大学生的多边匹配培训与指导状况。另一方面，在管理实践的指导方面，应在前期的人才选拔与配置、后期的员工培训过程中，对员工进行匹配性测试，寻找出员工本身和组织本身的现实状况与期望状况之间的差距，有针对地选择适合员工成长的培训方案，做到因材施教，不浪费资源。将新兴的信息产业模式与网络招聘、网络培训结合起来，开发出能够精准预测员工与组织各方面匹配程度的网络平台（开发出如何精确测量P-J匹配、P-O匹配的工具等），加强人力资源管理人员在网络招聘方面的便捷性和准确性。

第三，匹配的理论研究方面。每个研究者可以将自己面临的问题加以细化，结合以往研究理论来解释具体的匹配维度对员工结果变量的不同效用。

第三部分　多边匹配与公费师范生

第八章　公费师范生职业性向现状的叙事研究

采用叙事研究方法，对公费师范生学习培养状况、对未来的职业认同状况和职业性向状况进行调研，重点调研山东省公费师范生对未来要从事的教师这一职业在薪资福利、就业环境、职业角色、职业定位、个性特征、知识、技能、能力等方面的期望，研发出山东省公费师范生职业性向问卷，并根据实证调研的数据发现和总结各地的主要政策成效和普遍性的政策问题，分析各高校在公费师范生管理和培养的机制体制等方面的经验做法和制度性障碍。重点考察潍坊市、青岛市、济南市等地的公费师范生培养单位在公费师范生培养和职业兴趣引导与鼓励方面的实战经验。

第一节　研究对象与访谈提纲

采用扎根理论，对公费师范生进行访谈。一共访谈了36名在校生，分布于汉语言文学、小学教育、学前教育等专业，其中大一新生6名、大二学生15名、大三学生8名、大四学生7名。

访谈提纲如下：

（1）你是从哪些渠道了解到公费师范生专业的？
（2）你当时对公费师范生的了解有哪些？
（3）促使你报考公费师范生的最重要因素是什么？
（4）入学前你对专业有哪些憧憬？
（5）入学后，你适应公费师范的生活吗？包括专业学习。

（6）你认为公费师范生与非公费学生有什么不一样的感受？

（7）大一有过哪些体验？大二与大一有什么不一样的地方？大三是怎么度过的？大四打算做什么？

（8）后悔选择这一专业吗？觉得自己适合这个专业吗？

（9）你对未来的工作有何期待？

（10）你还有没有其他和公费师范相关的体验和感受？

通过访谈，发现公费师范生的专业选择存在以下问题：

（1）专业选择在很大程度上受制于家人；

（2）对公费师范生的政策了解不够透彻，不确定自己未来是否愿意成为乡村教师；

（3）入学后因为是公费师范生，毕业后无需投简历找工作，所以拥有更多时间去做自己想做的事情，但也正是因为未来固定，很多学生选择解约，追求更大的平台；

（4）考研政策的出台，动摇了一批公费师范生的信念，让他们对自己的选择开始动摇。

对入职后的公费师资①进行访谈，一共访谈了14名入职后的公费师资，入职1年的6名、入职2年的8名，访谈提纲如下：

（1）入职以后适应吗？

（2）如何从不适应状态转变为适应状态？

（3）入职后的感受与入职前的期待有何出入？

（4）入职后遇到过何种困境，你是如何解决的？

（5）领导重视程度如何？

（6）学校环境如何？

（7）与孩子家长交往如何？

（8）现在的职业发展状态如何？对未来有何打算与憧憬？自己做了哪些准备？在做哪些努力？

通过访谈，可以发现，入职后的公费师资存在以下问题：

（1）基本适应入职后的生活，愿意谦虚学习；

（2）基本胜任教学和班级管理工作，但感觉教学压力很大，工作量很多；

（3）少部分公费师资感觉工作环境与自己想象的相差太大，因为对工作

---

① 此处"公费师资"指接受过公费师范生教育后入职对口乡村中小学校的学生，他们已经完成了从"学生"到"教师"的角色转换。为了与"在校公费师范生"进行区分，本书用"公费师资"来称呼他们。

环境不满,选择消极怠工,并准备离职;

(4) 大部分公费师资不清楚协议期满后该何去何从,非常困惑;

(5) 大部分公费师资在关注新政策的出台;

(6) 大部分公费师资感觉跟家长沟通存在困难,源于家长水平参差不齐。

第二节 公费师范生访谈案例

案例一

张某,大一,男,生源地:县城

公费师范生就像一堵围墙,里边的人想出来,外边的人想进去,双方都有所求,互相羡慕。虽然很早的时候我就听大人们讲过公费师范生,但那时我不太了解。高考完我详细地从网络上搜索了一下关于公费师范生的相关信息,才意识到公费师范生存在一些局限,比如大学四年毕业以后必须到规定的中小学任教,但是在深思熟虑后我还是填报了公费师范生的提前批。录取后我搜索了一下专业学习内容,觉得不是很难。目前我入校已经快一个月,对学习和生活非常适应。从心态上来看,我觉得跟非公费师范生有所不同,我们已经有编制,虽然挣得不多,但是有足够的时间去追求自己想要的。

我从四个方面谈一下自己入校后的感受。

第一,关于学习。学校对我们要求很严格,本科要学习的课程很多,虽然时间安排非常紧凑,但是我们依然有很多空闲时间去参加社团活动和学生会工作。学习之余我们可以增强自己的社交能力,提升自我修养。而且在大一,学习时间很充裕,且有足够的课余时间做兼职。大学就像一个学习的小天地,学校图书馆的自习室给我们提供了学习空间,除此之外,还有非常多的课程可以自主选择,比如专业课、选修课和实践课。

第二,关于班级。我所在的班级快乐、和谐、融洽。在这里我能够和最好的朋友一起生活,共同学习。在这里我感受到了被重视,非常感谢老师和学姐的帮助和信任,让我在这里感受到小团队带来的快乐。在我看来,大学生依旧要好好学习,毕竟学习是学生最重要的事,和高中不一样的地方在于,我们可以参加班上的活动和比赛。此外,我还积极多参与一些活动赚取足够的积分，保证顺利毕业。

第三，关于教师。大学老师不会给出具体而明确的学习指导，但会予以示范和引导。我们的老师有耐心、积极阳光、教学风格独特。我很喜欢这里的老师，和他们相处非常愉快。

第四，关于未来。对于未来，我有很多憧憬，包括就业地点和就业单位等。虽然我们未来就业的地方可能会有些偏僻，但我依然充满希望和信心。我相信未来一定是光明和温暖的。我想说："既来之，则安之，成为一名公费师范生了，那就努力学习吧，即使你不喜欢，将来想违约也要先把分内的事情学好，做好。不用担心就业的你，请多读书，多参加教学比赛，多参与自己感兴趣的活动，多锻炼身体，让自己更有能量。"虽然公费师范生有点人生已经被规定好的宿命感，不过因为一切皆有可能，所以我对此并不算特别排斥。毕竟自己的人生自己决定，未来有多高取决于自己的能力，我想尽我所学报效国家，贡献自己的一份力量。

四年的大学时光，就像是过山车，有些人起起伏伏，有些人不断前进，也有些人原地踏步。而我刚刚踏上了起跑线，我想不管结果如何，我都应该努力向前冲！努力去成为一名优秀的人民教师，也希望能一直做好教育工作！

案例剖析 这是一个对未来充满希望、乐观的大一新生，希望他的未来如他所愿。

案例二

潘某，大二，女，生源地：农村

高考毕业，我之所以报考公费师范生，有五个理由：一是未来的就业方向为中小学老师，岗位带编制，工作相对稳定，而且还有寒暑假；二是授课内容更新迭代慢，重复性工作较多，因此，工作压力和难度相对较小；三是周末和寒暑假可以用来提升自己，而且教师待遇不错。四是各地每年的事业编招聘中，都包含大量的教师岗招聘，需求量大，未来就业有保障。五是国内师范类院校较多，能够容纳不同分数段的学生。

当时我也意识到公费师范生存在一些局限，比如大学四年毕业以后必须到规定的中小学任教，并且要与中央和地方教育局签订三方合同。但因为我是农村孩子，觉得考编不容易，所以还是毅然选择了公费师范，为的就是后期能有个"铁饭碗"，而且我觉得自己应该能胜任。

大一的时候我斗志昂扬，脑子里都是"鸡汤"，相信高中老师说的"熬完高中,大学是美好的",相信所有"只要努力就会有收获"的口号。记得第一次来到陌生的城市,走进大学校园的时候,沿着那条长长的香樟大道,我跟自己说:"真好,可以开启一段新的生活了,四年里一定不要辜负曾经那么努力的自己呀!"大一时很多事情都是第一次尝试:第一次认真选择自己喜欢的社团、第一次站在台上竞选学生会干部、第一次参加志愿者活动、第一次做兼职……

大二开始不知不觉地安静了下来,并没有很刻意地让自己远离热闹的活动,但时间到了某个节点人就会突然成长转变。我开始认真学习专业知识,有取舍地考虑问题,目光变得长远,重视时间分配,不愿意浪费太多时间给别人。

也是在这一年,我开始走出校门,参与各种实践活动,为就业做准备。目前我对未来没有憧憬,因为似乎早就知道未来是什么样子的,所以在学校学习也很适应,和自己期待中的一样。

但我从师兄师姐的口中得知,大三大四是非常重要的阶段,我希望一毕业就能开始工作,所以这个阶段更要为就业努力。

总之,除后期工作定向让我内心比较安稳之外,我好像和其他大学生没有什么区别。我也不知道如果不去学校当老师,其他同学会做出什么样的选择,毕竟我对社会真的不了解……

案例剖析 一个在高考毕业后选到自己如意专业的女孩,单纯、稳重,积极为未来做准备,目前没有对公费师范生产生任何异议,没有感到与其他非公费师范生有何区别。

案例三

夏某,大三,女,生源地:县城

选择做一名公费师范生,是我在高考之前就确定了的。我是出生在县城的孩子,家底不太丰厚,加之我高考学的全文专业,大概率也要学习教育或者相关专业,未来工作也大概和教育相关。而现在社会竞争激烈,考编很少有人能一年上岸,与其毕业以后待业考编,不如选择有分配工作的专业。而且在专业选择方面受父母影响也很大。他们为我的未来考虑很多,从高考选科,到为我未来的专业和职业做计划,他们提前了解了很多相关信息。选择公费师范生,最初是家里从事教育行业的亲戚提到过,而我本身对未来没有过高的追求,对于分配工作的地方没有太大的排斥。综合这些因素,我就做出了选择。

但是分数一出来，我就不太情愿了。毕竟公费师范生分数高，凭我的高考分数如果不考公费师范生，可以上个更好的大学。但是思来想去，还是坚持了当初的决定，并说服自己，反正上大学学一学自己喜欢的知识，在哪儿差别并不大。事实证明我太天真了，大学有很多事情根本身不由己，不管想不想干，都不可避免地要去做。但作为一名公费师范生，最好的地方在于不需要消耗大量精力去做选择，比如考公考编考研，显然我除了考研没得选。更棒的地方在于，不用费心卷很多"素质"，让我可以自由地做自己想做的事，我有时很遗憾自己未来只能当个中学老师，毕竟体制内的工作肯定要少一些别的体验，当然也会多一些不一样的体验。因为性格相对外向，我更喜欢传媒方向，比如做个记者，或者投身互联网、纸媒等行业，不过就目前情况来看这些都无法实现了，所以我把大学大把的时间投入了学生组织的宣传部和媒体宣传中心，去玩相机，写稿，排版，玩社团，演话剧，说真的，如果不是"工作"给我的底气，我很难毫无顾忌地去做这些"与学习无关"的东西。其实我也很清楚兴趣和工作最好还是分开，不然最后有可能把喜欢沦为一种敷衍。总的来说，公费师范生的特殊性让我更容易在大学做自己喜欢的事，所以没有什么特别不满意的地方。入学以来我也非常适应，因为公费师范生和非公费师范生最终入职小学也没啥区别。但公费师范生群体和普通批的确存在轻微区别，心态上的不一样在整个班级里都能感受到。比如，一些竞赛性质的活动，除非非常感兴趣否则我们不会主动参加，因为我们不需要在简历上写参加过什么活动，我们不需要到处求职，不需要用比赛来证明自己。

大三才开学这几个月我感觉最大的变化就是课业变难了。不过这和我是公费师范生也没有关系，大家都难。而看到非公费师范生忙着准备教资考编等之类，我有时也感觉很庆幸，最起码我不需要经历这些。所以到目前为止，成为公费师范生还没有让我觉得十分后悔的地方。至于向往层次更好的大学，羡慕别人更好的环境，羡慕和自己水平相当的人正在进行的不一样的大学生活，那都是高考后已经预料到的结果，所以我早就做好了心理准备，即使有一点点后悔，也不至于特别难过。

至于我参加工作以后，如果去一个可能不尽如人意的地方工作六年，我会不会觉得我的人生就这样被限制、被蹉跎了，我也不得而知。最起码大学前两年我还没有很明显的感觉。虽然有点人生已经被规定好的宿命感，不过因为一切皆有可能，所以对于我而言，并不算特别排斥。

总而言之，选择公费师范生最好自己要想好，并能看得长远。如果仅仅为父母选择这条路的话，很难保证不在某个崩溃的瞬间后悔。毕竟，到现在我还是认为要从事教育行业，多少得有点职业情怀，完全没有的话，学校再怎么培养，肯定也没用。所以我的建议是，要慎重，毕竟一旦选择很可能是一辈子的事。

案例剖析　一个在高考毕业前就决定选择成为公费师范生的女孩，能够很清晰地认知未来。目前没有对公费师范生产生强烈不满，反倒认为做公费师范生为自己的大学争取了更多自由的时间和尝试的机会。

案例四

张某，大四，女，生源地：县城

大学三年一晃而过，马上毕业了，我突然发现自己不太适合当小学老师。一方面，由于自身性格不是很外向，另一方面，我想继续深造。看到周围的同学纷纷考研，我也有了违约考研的想法。如果不违约，我可能在未来很长一段时间内在县城工作，即便六年协议期满后，离开县城也很难，未来发展非常受限。而如果我拼搏一把，虽然会违约，要赔偿损失，但可能会留在平台更大的省会工作。除以上原因之外，男朋友也是促使我违约的重要原因。他目前在省会工作，我们俩感情稳定，都觉得对方相对靠谱，希望未来能一起生活，而如果我去了对口县城学校，距离可能会成为影响我们情感的重要因素。

我的父母认为女生更应该回县城工作，毕竟那里稳定，他们也积累了很多人脉资源。但沟通过后，他们表示愿意尊重我的意愿和想法。

我已经了解了违约的相关条件，违约金大概在一万五千元，不会计入诚信档案，父母也知情，往届有学姐学长违约过。但我依旧有点摇摆，不确信违约的后果是否真如他们所说的不那么严重。或者我内心不太甘心就这么放弃到手的"铁饭碗"。毕竟公费师范生有稳定的编制，在回乡任教六年后，我依旧可以选择考编、考公、选调，或者自谋出路。在那里我不需要为衣食住行而操心，因为家里的经济基础足以支撑我在那里生活得很好。

而考上研究生，我可以留在省城工作，未来攒钱买一套小户型，把父母接过来，让他们在省城养老。

"鱼与熊掌不可兼得"，我不太确定，充满矛盾，究竟哪一条路更好一些，迷茫……

案例剖析 一个面临两难选择的女孩。由于当初选择专业没有考虑自己的感受，而是遵循家长的建议，现在有些后悔却又不舍得放弃编制。

案例五

徐某，女，成功解约，生源地：农村

2016年那年夏天，山东省下发了招收省属公费师范生的政策，我在家人的劝导下报了公费师范生。录取结果公布后我很失望，因为我被调剂了。

大一一整年，我浑浑噩噩。大二上学期，一个专业老师影响了我，她的学识和讲课风格让我深深感动，让我逐渐对自己的专业产生了些许兴趣。

在艰苦而又充实的实习支教结束后，公费师范生政策做出了调整，我们可以考取全日制研究生。我下决心要抓住这个机会。

7月初，我查阅了大量资料，了解了自己的考试科目，决定了自己要报考的方向。夏天很炎热，我告诉自己"天将降大任于是人也……"，经过全力备考，我成功了。

对于公费师范生来说，要充分领会政策要求。在我准备考研时，政策尚未正式发布，是否正式允许全日制读研、读研院校专业范围等问题均未有定论。报名时，我们要向培养高校和定向市教育局提出考研申请，签署补充协议书等，拟录取后，面临调档案、落实学籍、研究生奖助学金等问题，那段时间我给山东省教育厅、定向市教育局打电话常常打不进去，我甚至出现放弃入学的念头。那时候，我也曾怀疑过自己，当年为什么没有报考省内其他师范大学，这样就可以定向家乡就业，免去了对未来未知的恐惧。

2020年9月，我重返母校读研。导师对生活的热爱和积极明朗的态度感染了我，我的专业素养得到提升，心态也逐渐积极了起来。

2021年5月，我和定向市教育局办理了解约手续。交完违约金，走出银行，我并没有想象中的轻松，反而多了几分迷茫，接下来我的人生该何去何从？

我深知我目标城市的就业难度，凭自己的条件大概率无法走免笔试的校园招聘，所以，我选择了再次考编。

新学期开学，因为疫情考试延期，我选择回校，每天早上起来就去教室学习，背书背累了就改论文，教育学和心理学很多晦涩的词语非常难背，日子过得很压抑。封校的日子里，由于工作没有落实，编制被放弃，我一度有些彷徨，看到朋友圈已经工作的同学生活得幸福舒适，而自己还在愁论文，

愁工作，非常怀疑自己当初的选择。

疫情得到控制后，我开始了考试生涯，功夫不负有心人，我成功考取心仪的学校。虽然很苦，但我依旧感谢当初的选择。

案例剖析 在即将毕业的大四，她选择了另一条路——解约考研。公费师范生是诸多学生实现教师梦的"捷径"，但在疫情和经济的双重影响下，真心奉劝各位公费师范生，没有万般的决心和毅力，不要轻易选择解约。如果你的内心坚定了其他的选择，请你行动到底。

案例六

王某，女，异地入职一年，生源地：农村

我的定向单位是镇上的一所学校，离市区10千米左右，与我的家乡相隔较远，属于异地入职。目前我在市里的一所小学跟岗两年，之后回定向单位，学习期间待遇与在编教师相同。

跟岗期间我只上一门课，带一个班，并兼任副班主任一职。和其他同时入职的大学同学相比，我的工作量非常少，但由于是在市里工作，除了教学和班级管理外，教师还有很多杂七杂八的事情，尤其在疫情防控期间，每天光收集表格就收集十几个，压力相对较大。

我们学科组办公室氛围很好，老教师对我们非常照顾，基本上有问必答，我们的上课模式是听一节课讲一节课。因为大三实习被疫情耽误了，我并没有经历过真正的实习，也没有感受过真正的课堂。一开始站在讲台上时会感到紧张，一年多的时间过去了，我已经变得非常从容。

给五年级的学生上课，我总害怕孩子们学不会。作为一名教师，我内心总升腾起一股责任感。除此之外，还有比较心理，同样的班级，如果与其他班级成绩差距拉大了，总感觉是自己没教好。有一段时间我们班成绩不是很理想，这让我焦虑了很久。所以有时也会因为学生作业完成质量差、听课效率低而着急上火。

和我搭班的班主任是个男老师，人特别好，他能自己完成的工作绝不会推给我，当然我也会主动分担班级事务。我并没有感受到很大的压力，相对比较轻松。

工作中与同事的相处比较融洽，大家年龄相差不大，有共同话题。和家长的相处就要分情况了，并不是所有家长都配合工作，总有一些家长对孩子不够上心，但也有很多暖心的家长让我感受到这份工作的意义和价值。

生活方面，这边有统一提供的住宿，离学校很近，双人间，但是没有浴室、空调和厨房，于是我申请了公租房。

案例剖析 一个入职一年的小"青椒"，生活有甜美，也有辛酸。既然选择了，就坚持到底。

第三节 给未来高考生和在校公费师范生的建议

第一，近几年，高校毕业生就业非常困难，所以报考公费师范生，有一份编制在手，是值得考虑的；但在报考之前，要充分了解相关情况，以免将来后悔。

第二，了解自己的职业兴趣和职业倾向，考量自己的职业性向是否适合乡村教师，如果不适合，请做好调整策略。入学后，如果感觉自己所学专业与期待相差甚远，请及时调整。

第三，入学后，要认真扎实学好专业理论，为入职做准备，如有余力，可选择考研。正是因为公费师范生未来职业稳定，可好好利用大学生活做自己想做的事情。

第四，违约虽然不计入诚信档案，但需要缴纳违约金。

第五，入职后，如果和恋人异地，可能会影响感情。教师最大的挑战可能在于有时候和家长沟通存在困难，所以有耐心非常必要。

第六，如果有学业或入职后的困惑，可以求助网络，网络上有很多有经验的师兄师姐分享的经历可能会帮到你。

第九章

在校公费师范生职业性向现状与培育策略

第一节 研究背景

职业性向是指一个人所具有的有利于其在某一职业取得成功的素质总和，是个性心理特征与职业活动匹配的重要变量，能决定个体对职业的满意度、职业稳定性、工作成就感，是职业可持续发展的动力。教师职业性向是教师积极投入教学并长期保持教育热度的情意保障，是适合教育工作的人格特征、职业情感和成功从事教育工作能力的总和。公费师范生职业性向与未来职业的匹配也会对留任意向、职业适应、职业绩效产生积极的正向影响（章飞，2020）。只有真正热爱教育事业，坚勇果敢的公费师范生，才能克服农村学校面临的教学资源贫瘠、教学模式固化、学生管教困难、家校合育不畅等瓶颈问题，持续性地努力工作，并从中获取成就感和价值感，为农村教育事业乃至乡村的全面振兴发展贡献自己的力量（任胜洪，2020）。

以前对教师职业性向的研究普遍重视知识、技能等浅层性向，对决定教师能否"留得住、教得好"，能否获得幸福感和价值感的深层次原因，比如职业兴趣、动机、人格特征与从业需求的匹配度等方面的研究涉及较少。在公费师范生职业性向的培育方面，多数研究聚焦于客观环境、薪资福利、课程设置等宏观外围策略，比如提高农村校舍配置、提高农村教师的福利待遇、允许学生考研等，忽略了对学生职业性向因素和主观能动性的关注和挖掘。关于对公费师范生职业性向的研究，实证研究较少，对于与职业性向契合的学校管理培育机制重视程度不够。

对于公费师范生来说，如果他们对自己是否喜欢未来的职业，未来职业与自己的价值观、职业风格是否匹配,目前所学专业对未来职业的影响如何,未来发展趋势如何等问题缺乏客观理性的认识,就容易出现在校期间学习目标不明确、学习内驱力不强、就业时盲目随意、就业后职业效能感低,甚至离职跳槽的现象,违背国家培养公费师范生的初衷,即为乡镇基层培育"留得住、用得上"的专业人才,助力乡村振兴,导致国家资源投入的浪费和个人生涯规划的失败。

本研究以成熟的O*NET工作分析问卷为基础,考察公费师范生职业选择的原因和自主性、职业兴趣、职业价值观,旨在了解公费师范生的职业性向现状及存在的问题,以期为公费师范生的前期报考选拔、在校培育及入职前培训提供优化策略,对未来走向教师岗位的"准教师"及在校公费师范生的培育均有重要的借鉴意义和价值。只有事先了解公费师范生的职业性向与未来的教师职业是否匹配,才能未雨绸缪,将学生未来要面临的问题透明化处理,使得经过"适农化"教育培养出来的公费师范生,能较长时期在农村学校留任,甚至终生从教,使公费师范生的选拔和培育更加有效,避免国家资源的浪费。

第二节 研究过程

一、研究对象与方法

本研究选取6所地方公费师范生培育院校的学生作为研究对象,以班集体为单位进行整群抽样,采用问卷星在线调查模式,共回收问卷1068份,其中大一学生114份、大二学生308份、大三学生338份、大四学生308份;男生210名、女生858名。

二、研究工具

职业性向问卷取自O*NET工作分析问卷中的专业选择、职业兴趣、职业价值观问卷,共包含23个项目。其中专业选择的原因和自主性包含"选择公费师范生的原因"等2个项目,职业兴趣包含"我喜欢教导他人"等5个项目,职业价值观包含"主动性:具有承担责任和挑战的主动意愿"等16个项目。所有项目采用李克特式五点计分法,得分越高,表示与选项越符合。

采用克伦巴赫α系数对问卷的信度进行检验,结果表明,各问卷信度分别为0.922、0.917、0.899,问卷信度良好,达到测量学标准。

三、数据处理

采用SPSS 22.0软件对所收集的数据进行统计处理。

第三节 研究结果

一、地方公费师范生职业性向基本状况

1. 公费师范生专业选择的原因和自主性

本研究通过对公费师范生专业选择的原因和自主性进行调查发现,在专业选择方面,21.74%的学生选择了"热爱教育事业,希望未来做一名教师",2.17%的学生选择"支援国家落后地区的教育事业"。另外76.09%的学生专业选择的原因是"功利化"的现实原因(外部诱因),比如假期多、分配工作,或者为家庭减轻负担。仅有21.74%的学生是因为真心热爱教育事业而主动选择成为公费师范生。在专业选择的自主性方面,仅有19.57%的学生是自己选的,4.35%的学生对此专业有强烈的意愿,非此不选。另外76.08%的学生在选择方面都较为被动或者随意,比如是被迫选或者在父母的建议下选择。

2. 公费师范生的职业兴趣

针对学生职业兴趣的调研发现,"我喜欢与他人一起工作""我喜欢教导他人""我喜欢与他人交流""我喜欢为他人提供服务""我喜欢帮助他人"5个项目得分的平均分为4.150分(临界值为3分),学生职业兴趣得分处于中等偏上水平。但仅有31.57%的学生选择"完全符合"这一选项,19.64%的学生选择了"不确定或者不符合甚至完全不符合"。

3. 公费师范生的职业价值观

经过对公费师范生的职业价值观进行调研,结果发现"主动性""合作性""毅力""社交取向""独立性""主动性"等所有项目的均分为4.188,均分处于中等偏上水平。其中得分最高的5项为"独立性"(4.371)、"可靠性"(4.331)、"关心他人"(4.276)、"合作性"(4.219)、"正直诚信"(4.207),得分最低的5项为"社交取向"(3.751)、"主动性"(3.772)、

"领导能力"(3.780)、"毅力"(3.814)、"取得成就"(3.821)。总体来看，公费师范生的价值观呈现出较高水平，但在某些项目上的得分有待提升，尤其是"社交取向"和"主动性"两项，甚至有6.81%的学生在"社交取向"这一项目上选择了"非常不符合"。对于农村教师而言，社交取向和主动性是非常重要的价值观取向，而目前学生在此两项上的得分较低，有可能阻碍其职业生涯的健康发展。

二、地方公费师范生职业性向在人口学变量上的差异性

采用独立样本t检验、方差分析对公费师范生的职业性向状况进行差异性分析，结果如下。

1. 性别差异

对男女公费师范生的职业性向进行独立样本t检验，结果显示，男女公费师范生的职业性向在专业选择的自主性、职业兴趣、职业价值观、社会取向和创新五个维度上均没有呈现出显著差异。但在价值观的"社交取向"和"创新"两个项目的得分上呈现出显著差异，具体表现为女生的"社交取向"得分显著高于男生，而男生的"创新"得分显著高于女生（表9-1）。

表9-1 公费师范生职业性向的性别差异

维度	性别	平均分($M \pm SD$)	t
专业选择的自主性	男	3.112±0.774	0.651
	女	3.017±0.872	
职业兴趣	男	3.192±0.654	-0.895
	女	3.301±0.790	
职业价值观	男	4.301±0.904	1.051
	女	4.182±0.879	
社交取向	男	3.695±0.785	-1.871*
	女	3.719±1.006	
创新	男	3.988±1.709	1.390*
	女	3.712±0.794	

2. 年级差异

从方差分析可以看出，公费师范生的职业兴趣和职业价值观在年级上呈现出显著差异性。事后检验表明，大二学生的职业兴趣和职业价值观均显著高于大四和大一的学生，即刚入校一年的学生，在学习了一定的专业知识和技能的基础上，对自己与未来从事职业的匹配性评价较高，但经过大三的实

训、大四的实习，大三和大四学生对自己职业性向的认识更加理性，更能认识到自己的职业性向与未来职业需求之间的差距性，因此出现对自己的评分显著回落的现象（表9-2）。

表9-2 公费师范生职业性向的年级差异

维度	年级	平均分（$M \pm SD$）	F	LSD
专业选择的自主性	大一	2.71 ± 1.254	0.348	
	大二	2.54 ± 0.971		
	大三	2.47 ± 1.035		
	大四	2.45 ± 0.908		
职业兴趣	大一	3.800 ± 1.347	4.714*	大二＞大一
	大二	4.261 ± 0.559		大二＞大四
	大三	4.192 ± 0.637		大三＞大四
	大四	4.010 ± 0.717		
职业价值观	大一	3.848 ± 1.344	3.612**	大二＞大四
	大二	4.267 ± 0.528		大三＞大四
	大三	4.233 ± 0.575		大二＞大一
	大四	4.075 ± 0.683		

3. 生源地差异

从方差分析可以看出，公费师范生职业选择的自主性、职业兴趣和职业价值观在生源地上均呈现出显著差异。事后检验表明，农村学生职业选择的自主性和职业兴趣均显著高于城市学生，而城市学生的职业价值观得分显著高于农村学生（表9-3）。

表9-3 公费师范生职业性向的生源地差异

维度	生源地	平均分（$M \pm SD$）	F	LSD
专业选择的自主性	城市（包括县级市）	2.71 ± 1.254	-2.308*	农村＞城市
	乡镇	2.54 ± 0.971		
	农村	2.47 ± 1.035		
职业兴趣	城市（包括县级市）	3.800 ± 1.347	-2.791*	农村＞城市
	乡镇	4.261 ± 0.559		
	农村	4.192 ± 0.637		
职业价值观	城市（包括县级市）	3.848 ± 1.344	3.100**	城市＞农村
	乡镇	4.267 ± 0.528		
	农村	4.233 ± 0.575		

第四节 讨 论

一、地方公费师范生职业性向总体状况

研究发现，地方公费师范生的职业性向存在不成熟、不稳定的特点，具体表现为三个方面。第一，公费师范生在选择专业时，更多的人基于外部诱因进行了被动选择，而内部动机才能使个体获得内在的愉悦与满足，对个体具有持续的激励作用，外部动机是由个体所从事的活动以外的刺激诱发而产生的动机，即这种活动本身并不能给个体带来直接的满足，但通过这种活动可以得到另外一种或多种报酬。如果外部报酬降低，动机就可能会减弱甚至消失。公费师范生在专业选择问题上的被动性与现实性，有可能会导致其在学习期间或者入职以后面临问题时，缺乏主动性或者动力不足。这种选择的被动性也会导致学生在入学后的一段时间内出现抵触情绪，影响学业的主动性。只有做到自主选择，才有可能适性发展。公费师范生选择专业的非自主性容易导致教师专业发展不充分，制约教师专业化目标的实现。当然这种选择的非自主性也与当前长期的教育制度有关，不但公费师范生的专业选择存在这一问题，郭孟超等（2020）的研究也发现，几乎所有大学生的专业选择都存在极大的非自主性，会受到国家政策、家长社会地位、经济因素、受教育程度等各种因素的影响。

第二，公费师范生的职业兴趣处于中等偏上水平，但依旧有近20%学生的职业兴趣不明确甚至对教师这一职业兴趣不高。而对于学生来说，兴趣是最好的老师，最能够激发学生持续学习的动力。如果在读书期间或者入职以后职业兴趣水平较低，将不利于个体职业的稳定发展，甚至会出现毁约等现象。而少部分公费师范生之所以出现这种情况，可能与当初专业选择的唯分数化、短视化、功利化有关。笔者在对公费师范生进行访谈时发现，公费师范生在报考时，更多关注分数与报考专业、学校的匹配性，是否能够顺利录取是决策的重要依据，而对即将所学的专业和未来职业是否感兴趣则考虑较少。但步入大学后，职业兴趣是否浓厚会直接影响学生对未来职业的认知和期望。赵新亮等（2017）的研究表明，研究型职业兴趣对大学生读研期望的直接效应显著。公费师范生的职业兴趣是否良好，也会对未来所从事的乡村

第九章 在校公费师范生职业性向现状与培育策略

教师这一职业认知产生极大影响，进而影响其职业认同、职业适应和职业生涯的整体发展。

第三，在公费师范生的职业价值观中，"社交取向"和"主动性"两项有待提升。"社交取向"指喜欢与他人一起工作多于单独工作，与他人有个人联系。对于公费师范生未来的职业——乡村教师来说，入职后公费师资是否具备较高的社交情感能力，是否能够与领导和同事融洽相处，不仅会影响师生关系，对学生的学业成绩、社会情感能力等具有较大影响，而且会影响自身的抗压能力和职业幸福感。因此，教师社会取向是教师教学实践和实现教师专业长线发展的重要先决条件。"主动性"指具有承担责任和挑战的主动意愿，乡村教师的主动性会直接影响新时代乡村教育能否获得主体活力和持久动力。而在校公费师范生的"主动性"是人的主体性在社会实践中的能动反映，只有积极主动地认识责任，承担责任，才有可能在未来对乡村教育的课题进行全面认知进而发自内心地认同和支持，主动追求卓越创新，追寻乡村教育真谛，抵达教育的终极目标，实现人生的价值。因此，对于在校公费师范生来说，只有在思想与实践层面不断反思，不断实现自我超越，提升自己的"社交取向"和"主动性"，才有可能为将来推进乡村教育振兴、实现乡村教育现代化做好准备，才有可能实现职业生涯的健康发展。

二、地方公费师范生职业性向的差异性状况

不同学生群体在职业选择、职业兴趣和价值观等方面表现出不同程度的差异性。

第一，从性别上来看，女生的"社交取向"得分显著高于男生，而男生的"创新"得分显著高于女生。这可能与女生更擅长与他人一起工作，更愿意与他人建立私人方面的联系有关，而男生更喜欢独立解决问题，人际方面的联结较为简单；在"创新"方面，男生更喜欢用不同的方式来解决和解释与工作相关的问题。詹雅婷（2020）的研究表明，大学生在社交方面都存在一定的问题，尤其是网络交流的增多导致学生现实社交能力下降，而且较女生而言，男生的社交能力的确要略差，与本研究结论一致。

第二，从年级来看，公费师范生的职业兴趣和价值观在年级上呈现出差异性，大二学生的职业兴趣和价值观均显著高于大四和大一的学生，即入校一年后的学生，在学习了一定专业知识和技能的基础上，对自己与未来从事职业的匹配性评价较高，但经过大三的实训、大四的实习，大三和大四的学生对自己职业性向的认识更加理性，更能认识到自己的职业性向与未来职业

需求之间的差距，对自己的评分有显著回落。

第三，公费师范生职业选择的自主性、职业兴趣和职业价值观在生源地上均呈现出显著差异。事后检验表明，农村学生职业选择的自主性和职业兴趣均显著高于城市学生，而城市学生的职业价值观得分显著高于农村学生。农村学生在专业选择方面易缺乏父母或其他人的指导，参考的外界资源较少，更易仅凭分数和兴趣选择，自主性更强一些，而城市学生的专业选择可能受周围他人的影响较大，有时会因考虑到专业的未来发展问题而选择放弃兴趣。但从职业价值观的得分差异可以看出，农村学生对涉及深层价值观的自我评价较低。杨春晓（2019）对"大学生社交媒体苦恼表露及其幸福感"的研究表明，城乡大学生的社交媒体苦恼存在显著差异，农村学生更容易在社交方面产生苦恼，这源于其对自己出身的不自信和评价低。高英姿（2021）的研究表明，农村大学生总体的职业生涯规划水平低于城市大学生，主要与其职业生涯教育经历、兼职经历等有关，与认知因素也有关。

第五节　结论与优化策略

一、结论

地方公费师范生的职业性向存在不成熟、不稳定的特点，主要表现为职业选择功利化，职业兴趣和职业价值观有待进一步提升，且受性别、年级、生源地等因素影响。

二、优化策略

1. 专业选择前的生涯教育

生涯教育的影响会贯穿学生入学专业的选择到毕业职业决策的全过程（靳葛，2020）。地方公费师范生培育高校可以利用生涯教育的契机，提前与高中实现教师生涯教育的有效衔接，构建高中与大学的协调育人机制，将生涯教育渗透到高中，提前挖掘教师意向和职业性向较高的学生，实现"招生—培养—就业"的有机联动，帮助学生尽早了解自我、高校、专业、学业和职业之间的关系，及时对未来生涯进行合理规划，确立职业方向和目标，以便其在成为选择是否公费师范生时，能更理性、更自主地做出匹配性决策，

"不匹配"带来的风险降到最低，有效落实国家关于公费师范生的选拔和培育政策。

2. 基于职业性向的地方公费师范生前期选拔

美国等其他西方国家比较重视对教师职业性向的考察，日本、新加坡也将职业性向考察列入教师考核范围。在我国，为了实现城乡教育资源的均衡流动，考生在进行师范专业志愿填报前应参与初步的职业性向测试，让更多与教师职业性向匹配的学生进入公费师范生行列，吸纳真正愿意投身教育事业的、对农村教育充满热情的、与教师职业性向匹配的优质"师资"进入公费师范生队伍，从生源上提升公费师范生的质量。这是防止教师入职后流失的重要举措，也是影响学生入学后主动投身农村教育事业的重要因素。

3. 入校后的契约教育、情感教育和价值观引领

培养从教情怀也是师范院校的专属功能之一，对于学生是否能顺利从教起着非常关键的作用（张献伟，2020）。从教信念是地方公费师范生参与教育教学实践的精神支柱，是其自觉行动的激励力量。长期以来，公费师范生的从教信念时常被忽略，公费师范生从教信念现状不容乐观（曹珊，2020）。在新生入学后加强其契约精神，提升其职业信仰，激发其使命感，能让学生深刻理解国家政策的战略性及其加入农村教学的重要性；同时强化社会"尊师重道"的良好风气，加强情感教育、价值观引领和师德教育，激发学生的主人公意识和职业动机，引导其职业兴趣向未来职业偏转，使学生在享受国家资源的情况下，履行其义务，避免国家教育资源的浪费，保证国家政策落地的有效性。

4. 入校后职业性向匹配性的跟踪性监测

对已入校师范生进行职业性向的匹配性跟踪监测，及时鉴别和发现学生是否出现不匹配的状况，若有则尽快干预。个体与职业的不匹配会随时间而发生变化，留任时间越长，员工的不匹配感会越弱。因此，当发现学生出现职业性向的不匹配状况时，结合其不匹配应对策略，挖掘其社会支持资源，通过课程设置、生涯辅导、朋辈支持等方式提高其对未来职业与自身特点之间不匹配性的正确认识，增强其抗逆力和心理卷入水平，促使其实现不匹配向匹配的良好转换。比如，在课程设置中要充分考虑对教师职业性向的培养，创设以教师职业性向为核心的教师职业生涯课程、心理素养课程、人文精神课程等。对于不同性格、不同年级的学生采用梯度化的课程体系，并从入学时的职业定位到毕业前的实践反馈，全程贯穿，由浅入深。

第六节 研究不足与展望

不少学生在选择报考公费师范生时存在功利化现象,而且他们在报考选择时的自主性较低,甚至有超过20%的学生职业兴趣不明朗,职业价值观有待进一步提升,这些都揭示出地方公费师范生职业性向与未来职业的不匹配性,成为其学业被动、职业困惑的危险因子。因此,正确认识地方公费师范生的职业性向,在公费师范生的选拔过程中,加入职业性向的测评,对于吸纳真正有志于教育事业的优秀人才,进而增强教师从教意向、维护教师队伍稳定性和可持续性具有非常重要的意义。

地方公费师范生职业性向的自主性、社交取向、创新等维度在性别、年级、生源地上存在显著差异。因此,在公费师范生培育过程中要重视引起其职业性向差异的因素,及时发现不匹配现象,通过挖掘学生心理保护因子、增加社会支持、课程调整等方法实现学生由不匹配到匹配的转换。

在职业性向的评价中依然有些问题有待进一步精准化,比如职业性向应评价哪些内容、评价方式如何选择、评价机构专业标准如何考核与把控,以及由于评价工具带来的考评失真如何处理等。

第十章
新入职公费师资职业适应现状及提升建议

第一节　研究背景

因城乡经济社会发展差距的客观存在，农村学校面临着教师执教水平经验化、教师队伍素质参差不齐、教师流失严重、学校工作日内师资缺口亟需填补、部分学科教师结构性缺失、急需新型年轻教师的融入等问题（赵忠平，2015），发展农村教育，阻止贫困的代际传递，教师是关键。国家提出要加强农村教师队伍建设，而公费师范生政策是满足农村学校对教师需求的最好路径，《教育教师振兴行动计划（2018—2022）》指出：逐步扩大乡村教师公费定向培养规模，为乡村学校培养"下得去、留得住、教得好、有发展"的合格教师。公费师范生的培育能够为我国教师队伍提供新鲜血液，促进教育公平的实现（周雪垠，吕依驰，2019）。国家鼓励有志和优质公费师范生长期从教、终身从教。一方面，先进的教育理念和思想的全方位渗透可以让更多农村学生享受到优质的教育资源，提高学生受教育的水平和质量，实现"精准教育扶贫"，另一方面，优质的教育可以增强学生自身的就业创业能力，增加劳动者人力资本对经济增长的贡献率，生成新的"人力资本红利"，创造出新的乡村发展动力，使得知识和技术创新得以落实，实现创新驱动的经济社会发展。

但在政策执行过程中，公费师资职业性向与未来农村教师所需的不匹配现象，导致他们入职以后遇到各种各样的困惑和诸多实际困难，呈现出终身从教意愿低、对教学满意度低、继续履约意愿低及就业向城性的趋势（钱芳，2019），一些公费师资表示履行完从教协议之后选择从事其他行业的工作。我们对这些现象进行分析后发现，公费师资早期的职业适应是影响其是否能长期留任的重要因素。新入职师资的职业适应主要指能够促进个体顺利实现生涯转换，提升生涯满意度和就业质量的能力。在应对复杂职业环境中表现出来的良好职业适应能力是保障教师胜任职业、促进其职业发展的重要前提。而在个体与环境磨合过程中形成的职业兴趣，发展出的职业能力和技能，感受到的职业效能、生涯自信与控制，塑造的职业风格，均构成个体职业适应的关键要素。即个体对职业的适应通过职业角色的胜任来实现，具体包括对职业氛围的适应，对职业目标的认知，对自身职业兴趣、职业技能、职业能力与职业匹配的感知，职业生涯自信，职业生涯控制，职业效能，职业风格等要素。

新入职师资如果适应不好，会直接影响到其职业认同，对职业的持续性发展造成不利影响，甚至会影响师资的整体氛围。但目前对新入职公费师资职业适应的研究偏少。对山东省来说，2020年9月是第一批公费师资入职的时间，在过去的3年时间里，公费师资职业适应现状如何、有哪些妨碍适应的因素，将直接关系到地方公费师范生的政策及培育效果。因此，本研究从乡村振兴角度出发，对新入职的公费师资职业适应进行调查，了解公费师资入职后的第一手资料，发现其在职业适应方面存在的问题及影响因素，为进一步完善公费师资培育方式、新教师培训方略，帮助新师资尽快融入乡村教育，实现乡村教育振兴建言献策。

第二节　调查过程

一、调查对象与方法

研究采用问卷星进行数据收集。采用整群抽样法，通过联络公费师资入职前的辅导员，让辅导员帮忙发放问卷链接。被试来自山东师范大学、鲁东大学、潍坊学院、临沂大学、曲阜师范大学5所院校，均为2020年7月入职的公费师资，共回收问卷432份。被试的构成和分布情况如表10-1所示。从表10-1可以看出，新入职公费师资以女性（75%）居多，且大多被分配到农村（村里和镇上占68.8%），担任班主任（包括副班主任）职务的比例高达74.3%。

表 10-1 被试分布情况

变量		频次	百分比/%
性别	男	108	25.0
	女	324	75.0
任教年级	一年级	66	15.3
	二年级	90	20.8
	三年级	72	16.7
	四年级	54	12.5
	五年级	57	13.2
	六年级	39	9.0
	七年级	21	4.9
	八年级	24	5.6
	九年级	9	2.1
任教学校地理位置	农村村里	75	17.4
	农村镇上	222	51.4
	县城	96	22.2
	市区	39	9.0
目前的职务	班主任兼任课教师	252	58.3
	副班主任兼任课教师	69	16.0
	普通任课教师	111	25.7

二、调查工具与内容

调查主要包括人口统计学变量的调查及新入职公费师资职业适应调查。职业适应问卷取自 O*NET 工作分析问卷中的职业兴趣（5个项目，比如，我喜欢教导他人）、职业技能（12个项目，比如，指导：教导别人如何做事）、职业能力（7个项目，比如，口头理解能力：通过口头语言和句子，听和理解信息与观点的能力）、职业风格（16个项目，比如，社交取向：喜欢与他人一起工作多于单独工作，与他人建立个人联系），以及生涯适应力问卷中的职业生涯自信（6个项目，比如，寻找成长的机会）和职业生涯控制（6个项目，比如，逐步发展自己的能力）等维度。问卷共包括52个项目，各维度的克伦巴赫 α 系数位于 0.879~0.961 之间，总问卷信度为 0.899，达到心理测量学标准。问卷均采用李克特式五点计分法。采用 1-5 分的方式测量被试感知到的符合程度，得分越高，表示被试适应得越好。

三、数据统计与处理

采用 SPSS 22.0 对所收集的数据进行统计处理。

第三节 调查结果

一、新入职公费师资职业适应的总体状况

从表 10-2 可以看出,新入职公费师资的职业适应总体状况良好（3.857 ± 0.854）,但距离最高分 5 分尚有较大的提升空间。具体而言,新入职公费师资职业适应各维度均分位于 3.607~4.004 之间,其中职业兴趣得分最高,即新入职公费师资感觉自己对所从事的职业比较感兴趣,职业风格次之,即新入职公费师资认为自己的职业风格与目前从事的职业匹配较好。得分较低的是职业生涯自信和职业生涯控制,即新入职师资在职业生涯方面表现出某些程度的不自信和无力感。

表 10-2　新入职公费师资职业适应的总体状况（均值和标准差）

	职业生涯控制	职业生涯自信	职业兴趣	职业风格	职业技能	职业能力	总体
平均数(M)	3.607	3.670	4.004	3.972	3.839	3.832	3.857
标准差(SD)	0.865	0.893	0.667	0.924	0.726	0.749	0.854

二、已入职公费师范师资职业适应的差异状况

1. 不同性别公费师资的职业适应状况

采用独立样本 t 检验,检验不同性别公费师资职业适应的差异性,发现男性和女性师资在职业生涯适应力方面存在显著差异,具体表现为男性的职业生涯自信和职业生涯控制得分显著高于女性。在职业兴趣、职业风格、职业技能和能力等维度及职业适应的总体得分方面,两者没有表现出显著差异（表 10-3）。

表 10-3　不同性别公费师资职业适应的差异状况

	性别	$M \pm SD$	t
职业生涯控制	男	3.907±0.870	2.050*
	女	3.591±0.779	
职业生涯自信	男	3.861±0.827	2.217*
	女	3.522±0.785	
职业兴趣	男	4.067±0.777	0.696
	女	3.983±0.562	
职业风格	男	4.014±0.729	0.489
	女	3.958±0.547	
职业技能	男	3.972±0.831	1.430
	女	3.795±0.571	
职业能力	男	4.004±0.821	1.746
	女	3.775±0.628	
职业适应总体	男	3.988±0.699	1.590
	女	3.814±0.523	

2. 不同就业地公费师资的职业适应差异性状况

采用单因素方差分析，检验不同就业地的公费师资在职业适应方面得分的差异性，发现公费师资入职后学校所在的地理位置对其职业生涯控制、职业生涯自信、职业兴趣、职业风格、职业技能、职业能力及职业适应总体影响不显著，但对职业兴趣影响显著，具体表现为就业地在县城的师资其职业兴趣得分显著高于农村地区和市区师资。进一步事后检验发现，除职业能力、职业生涯控制之外，在职业生涯自信、职业风格、职业技能、职业兴趣及职业适应总体方面，就职县城的公费师资得分均不同程度地高于就职农村和市区的师资（表 10-4）。

表 10-4　不同就业地公费师资的职业适应差异性状况

	就业地	$M \pm SD$	F	LSD
职业生涯控制	① 农村村里	3.667±0.728	1.364	
	② 农村镇上	3.590±0.850		
	③ 县城	3.578±0.745		
	④ 市区	3.654±0.919		

续表

	就业地	$M \pm SD$	F	LSD
职业生涯自信	① 农村村里	3.693 ± 0.720	2.214	2 < 3
	② 农村镇上	3.545 ± 0.837		
	③ 县城	4.250 ± 0.653		
	④ 市区	3.449 ± 1.175		
职业兴趣	① 农村村里	3.971 ± 0.490	3.465*	1 < 3, 2 < 3, 4 < 3
	② 农村镇上	3.892 ± 0.596		
	③ 县城	4.733 ± 0.772		
	④ 市区	3.800 ± 0.621		
职业风格	① 农村村里	3.938 ± 0.450	1.505	2 < 3, 4 < 3
	② 农村镇上	3.823 ± 0.638		
	③ 县城	4.469 ± 0.514		
	④ 市区	3.563 ± 0.757		
职业技能	① 农村村里	3.798 ± 0.545	1.389	2 < 3
	② 农村镇上	3.674 ± 0.689		
	③ 县城	4.333 ± 0.551		
	④ 市区	3.667 ± 0.840		
职业能力	① 农村村里	3.926 ± 0.557	0.672	
	② 农村镇上	3.834 ± 0.727		
	③ 县城	3.786 ± 0.584		
	④ 市区	3.758 ± 0.925		
职业适应总体	① 农村村里	3.752 ± 0.454	1.359	2 < 3
	② 农村镇上	3.660 ± 0.600		
	③ 县城	4.253 ± 0.519		
	④ 市区	3.443 ± 0.775		

3. 所担任职务对公费师资职业适应总体的影响

单因素方差分析发现，担任不同职务对新入职公费师资的职业兴趣和职业风格影响显著，具体表现为，在职业兴趣方面，副班主任兼任课教师在职业兴趣方面的得分显著高于班主任兼任课教师及普通任课教师；在职业风格方面，班主任兼任课教师的得分显著低于副班主任兼任课教师及普通任课教师。担任职务的不同对新入职师资的总体适应、生涯适应、职业技能、职业能力的影响不显著（表10-5）。

表 10-5 所担任职务对公费师资职业适应的影响

	所担任的职务	$M \pm SD$	F	LSD
职业生涯控制	① 班主任兼任课教师	3.611±0.816	1.447	
	② 副班主任兼任课教师	3.522±0.829		
	③ 普通任课教师	3.586±0.761		
职业生涯自信	① 班主任兼任课教师	3.693±0.909	0.681	
	② 副班主任兼任课教师	3.616±0.614		
	③ 普通任课教师	3.612±0.667		
职业兴趣	① 班主任兼任课教师	3.943±0.683	2.372*	1<2,3<2
	② 副班主任兼任课教师	4.486±0.466		
	③ 普通任课教师	3.917±0.550		
职业风格	① 班主任兼任课教师	3.723±0.674	2.988*	1<2,1<3
	② 副班主任兼任课教师	4.313±0.346		
	③ 普通任课教师	4.182±0.483		
职业技能	① 班主任兼任课教师	3.827±0.697	1.115	
	② 副班主任兼任课教师	3.812±0.612		
	③ 普通任课教师	3.838±0.535		
职业能力	① 班主任兼任课教师	3.828±0.727	0.871	
	② 副班主任兼任课教师	3.758±0.673		
	③ 普通任课教师	3.849±0.588		
职业适应总体	① 班主任兼任课教师	3.832±0.633	1.058	
	② 副班主任兼任课教师	3.865±0.459		
	③ 普通任课教师	3.872±0.479		

三、新入职公费师资职业适应的具体状况

(一) 新入职公费师资职业生涯适应具体状况

新入职公费师资的职业生涯适应每个项目上得分处于中等以上的占到总人数的87.63%~95.88%，认为自己职业生涯适应力不强或不太强的被试占4.12%~12.37%，认为自己生涯适应力一般的占26.8%~37.11%，即有将近50%的被试认为自己的职业生涯适应力一般或者不强。从"在做选择之前进行调研"这一项目的作答情况来看，有49.48%的被试认为自己选择之前不太擅长做调研，而职业选择是影响职业适应的关键要素之一。在"探索自己

周围的环境、深入探讨遇到的问题、高效完成各项任务"等项目的作答上,也出现了很大比例的中等及以下选项(表10-6)。

表10-6 新入职师资职业生涯适应具体状况　　　　　　　　单位:%

题目/选项	不强	不太强	一般(中等)	比较强	非常强
探索自己周围的环境	3.09	8.25	32.99	42.27	13.40
寻找成长的机会	2.06	6.19	34.02	38.14	19.59
在做选择之前进行调研	4.12	8.25	37.11	38.14	12.37
观察他人不同的做事方式	1.03	3.09	26.80	41.24	27.84
深入探讨自己所遇到的问题	3.09	7.22	35.05	35.05	19.59
对新机会充满好奇	2.06	5.15	36.08	36.08	20.62
高效地完成各项任务	3.09	7.22	36.08	38.14	15.46
认真把每件事情做好	2.06	1.03	26.80	50.52	19.59
学习新技能	3.09	4.12	29.90	47.42	15.46
逐步发展自己的能力	1.03	3.09	34.02	44.33	17.53
克服障碍	2.06	5.15	36.08	37.11	19.59
解决问题	1.03	4.12	32.99	44.30	17.53

(二) 新入职公费师资职业兴趣得分具体状况

新入职公费师资在职业兴趣方面具体表现为,认为自己的喜好与教师这一职业的要求相符合的占62.88%~89.57%。仍然有10.43%~37.12%的被试对自己的职业兴趣是否与教师职业匹配持不确定甚至否定态度。尤其在"我喜欢教导他人"这一项目上,有8.25%的师资认为自己不喜欢教导他人,有28.87%的师资对此项目持不确定态度(表10-7)。

表10-7 新入职公费师资职业兴趣得分具体状况　　　　　　单位:%

题目/选项	完全不符合	不符合	不确定	符合	完全符合
我喜欢与他人一起工作	0.70	2.80	9.70	59.70	27.10
我喜欢与他人交流	1.03	3.09	14.43	56.70	24.74
我喜欢教导他人	1.03	7.22	28.87	49.48	13.40
我喜欢帮助他人	1.03	1.03	8.25	64.95	24.74
我喜欢为他人提供服务	1.03	0	13.40	62.89	22.68

(三) 新入职公费师资职业风格得分具体状况

新入职公费师资在职业风格具体项目方面的得分表现为,认为自己的职业风格与教师这一职业符合的被试占 65.98%~94.85%，仍有 5.15%~34.02%的被试对自己的职业风格是否与教师职业相符合持不确定甚至否定态度。其中，被试在合作性、关心他人、可靠性、正直诚信、独立性 5 个项目上符合程度得分最高，在领导能力、创新、主动性、适应力、毅力 5 个项目上符合程度得分最低（表 10-8）。

表 10-8　新入职公费师资职业风格得分具体状况　　　　　　　　单位:%

题目/选项	完全不符合	不符合	不确定	符合	完全符合
取得成就：能确立并维持富有挑战性的个人成就目标，并为达到目标而努力	1.03	4.12	115.46	65.98	13.40
毅力：遇到障碍时坚韧不拔	1.03	3.09	19.59	59.79	16.49
主动性：具有承担责任和挑战的主动意愿	1.03	3.09	20.62	58.76	16.49
领导能力：具有带领、掌管及提供意见和方向的能力	1.03	7.22	25.77	52.58	13.40
合作性：对同学及他人和蔼，并表现出良好且合作的态度	0	0	6.19	68.04	25.77
关心他人：对他人的需要和感觉敏感，并体谅、帮助他人	0	1.03	5.15	70.10	23.71
社交取向：喜欢与他人一起工作多于单独工作，与他人建立个人联系	1.03	2.06	16.49	57.73	22.68
自我控制：即使在非常困难的情况下也能保持镇定，抑制情绪，控制愤怒和避免出现侵犯性的行为	3.09	4.12	14.43	60.82	17.53
承受压力：能够接受批评，并镇定有效地处理压力	1.03	1.03	19.59	59.79	18.56
适应力：对正面或负面的改变及工作环境内较大的变化持开放态度	1.03	4.12	19.59	56.70	18.56
可靠性：有责任感、可靠、值得信赖，能够履行义务	0	0	10.31	65.98	23.71
注意细节：留意细节和完成工作时无微不至	0	1.03	12.37	62.89	23.71
正直诚信：诚实、合乎道德	0	0	5.15	58.76	36.08
独立性：能建立个人的做事方法，在很少或无监督的条件下指导自己，及靠自己去完成工作	2.06	1.03	9.28	58.76	28.87
创新：能运用创造力和不同的思考方式解答有关工作的问题	2.06	4.12	19.59	52.58	21.65
分析性思维：能分析信息和利用逻辑去处理有关工作的事件和问题	1.03	1.03	14.43	60.82	22.68

（四）新入职师资职业技能得分具体状况

在职业技能的具体项目方面，有 1.03%~9.28% 的被试表示对指导、说服他人、书写、谈话、谈判等职业所需的技能比较或者完全生疏，有 14.43%~31.96% 的被试表示自己所具备的职业技能处于一般水平，只有 60.82%~85.54% 的被试表示对教师所需的职业技能掌握得比较或非常熟练（表 10-9）。

表 10-9　新入职师资职业技能得分具体状况　　　　　　　　　　　单位：%

题目/选项	完全生疏	比较生疏	一般	比较熟练	非常熟练
阅读理解：明白与工作相关文件中的表述	0	3.09	19.59	60.82	16.49
主动聆听：完全专注于别人的讲话，花时间去明白讲话要点，适当地发问，不在不适当的时候打断别人的讲话	0	1.03	14.43	61.86	22.68
书写：以书写形式有效地沟通，切合读者的需要	0	5.15	22.68	56.70	15.46
谈话：通过与他人谈话而有效地传达信息	2.06	3.09	16.49	60.82	17.53
主动学习：了解新信息对现在、将来解决问题及做出决定时的影响	0	1.03	23.71	56.70	18.56
监管：评估他人的表现，以做出改善或采取补救的行动	0	1.03	21.65	62.89	14.43
社交的洞察力：察觉到其他人的反应并理解他们为什么有这样的反应	0	3.09	22.68	56.70	17.53
协调：根据他人的行动而调整自己的行动	0	2.06	20.62	59.79	17.53
说服力：说服他人去改变见解或行为	1.03	5.15	31.96	48.45	13.40
谈判：团结其他人并尝试协调分歧	3.09	1.03	25.77	55.67	14.43
指导：教导别人如何做事	2.06	7.22	31.96	44.33	14.43
服务倾向：主动地寻找帮助他人的方法	1.03	1.03	20.62	58.76	18.56

（五）新入职公费师资职业能力得分具体状况

从表 10-10 可以看出，新入职公费师资的职业能力整体表现较好。95.88%~98.97% 的被试认为自己的职业能力处于中等及以上水平。其中有65.94%~75.26% 的被试认为自己的职业能力比较强或者非常强。

表 10-10　新入职公费师资职业能力得分具体状况　　　　单位:%

题目/选项	弱	比较弱	中等（一般）	比较强	非常强
口头表达能力：在说话时交流信息和思想，以便他人理解的能力	1.03	3.09	27.84	51.55	16.49
演绎推理能力：将一般规则应用于具体问题以产生有意义的答案的能力	1.03	2.06	31.96	48.45	16.49
口头理解能力：通过口头语言和句子，听和理解信息和观点的能力	1.03	1.03	28.87	52.58	16.49
语言清晰度：清晰地说话以便他人能听懂的能力	0	3.09	26.80	51.55	18.56
语言识别：识别和理解另一个人的语言的能力	0	1.03	23.71	55.67	19.59
书面理解：阅读和理解以书面形式表达的信息和观点的能力	0	1.03	25.77	57.73	15.46
流畅的想法：对一个主题提出许多想法的能力（重要的是想法的数量，而不是它们的质量、正确性或创造性）	2.06	0	28.87	50.52	18.56

第四节　讨　论

一、新入职公费师资的职业适应状况总体良好，但仍有较大的提升空间

研究发现，新入职公费师资的整体适应状况处于中上水平（3.857 ± 0.854），此结果说明大部分新入职公费师资能较好地适应入职后的环境和工作，也在一定程度上证明了公费师资培养方案和实习实训等环节的有效性。尽管如此，新入职公费师资的职业适应状况尚存在较大提升空间。具体而言，新入职公费师资的职业兴趣和职业风格得分最高，即新入职公费师资对所从事的职业充满兴趣和期许，并认为自己的职业风格与目前从事的职业匹配较好。但在职业生涯自信与控制方面，新入职公费师资表现出某些程度的不自信和无力感。

二、新入职公费师资职业适应的差异性

性别方面，新入职公费师资中，男性的职业生涯控制和职业生涯自信得

分显著高于女性。前人研究表明，不同个体在职业适应初期表现出差异性是正常的，不同个体的差异性会影响其职业适应程度。比如，新入职幼儿教师在人格方面的差异性，导致其在面临相同的职业环境时，会表现出不同的心理应对方式。这种异质性特点提示我们对待不同性别甚至是不同类别的新入职教师时，需要采取更有针对性的措施引导其尽快投入职业环境中，以获得更高的工作效益。女性除了职业发展外，会花更多精力来考虑家庭事务，比如照顾父母、婚恋等，因而面临更多压力，在追求职业成功方面更加艰难。而相对女性而言，男性在职业发展方面考虑问题较少，因而更加自信，其职业发展路径更加清晰。而且，就性别差异而言，女性在职业发展过程中会更多面临性别隔离、角色冲突和制度性不平等的现象。因此，对公费师资而言，男性的职业生涯控制和职业生涯自信得分显著高于女性就不足为奇了。不仅如此，赵英等（2020）的研究表明，公费师范生中男性的学习动力普遍高于女性，这为入职后不同性别职业适应的差异性提供了一定的间接支持，改变了以往人们对女性更适合当老师的刻板印象。

从就业地来看，就业地在县城的师资职业兴趣、职业生涯适应、职业风格、职业技能、职业能力及职业适应总体方面得分显著高于就业于农村地区的师资。培养地方公费师范生的主要的目的是能够输入乡村，助力乡村教育振兴，因而大部分公费师资（本研究中比例达到68.8%）入职农村。但从现实条件来看，农村地区教育设施落后、教育资源稀缺、家校合作困难，乡村教师社会地位低、不能得到尊重等，使得新入职公费师资在适应方面出现畏难情绪也在所难免。除此之外，本研究通过对生源进行分析发现，地方公费师资入学时的分数线比非定向学生普遍偏低，也是导致生源质量下降，师资适应困难的原因之一。而相比乡村，县城就业环境稍好，更符合公费师资的期待，因而其职业适应总体得分更高属于正常现象。由此可见，提升农村教师的待遇水平，引领尊师重道的社会风气，打破城乡教师发展区隔壁垒，积极创设有利于农村教师生存和发展的制度保障和环境，提升农村教师职业的吸引力，是帮助公费师资尽快融入农村教育，提升职业适应能力的关键。

从担任的职务来看，副班主任兼任课教师的公费师资在职业兴趣方面的得分显著高于班主任兼任课教师及普通任课教师的公费师资。这反映出，公费师资培养过程中注重学科教育，轻视管理教育，对小学班主任的培训力度不够。因此，加强对公费师范生学业质量、学科结构的监控和调整是非常有必要的。另外，对公费师资的培育，要结合中小学基础教育改革与发展的实际，建立起体现教师专业培养要求的教师教育课程体系，保障新入职师资能够顺利适应不同岗位的要求。

三、新入职公费师资职业适应的具体表现

从新入职公费师资职业适应的具体项目来看，有近50%的被试认为自己的职业生涯适应力一般或者不强，有10.43%～37.12%的被试对自己的职业兴趣是否与教师职业匹配持不确定甚至否定态度，有37.12%的师资认为自己不喜欢教导他人或对此持不确定态度，有5.15%～34.02%的被试对自己的职业风格是否与教师职业相符合持不确定甚至否定态度，有15.86%～25.14%的被试表示对指导、说服他人、书写、谈话、谈判等职业所需的技能比较生疏或者完全生疏。从调研结果可以看出，新入职公费师资的职业适应状况不容乐观，具体表现在职业能力准备不足、职业兴趣不匹配、职业生涯不确定三个方面。植子伦（2021）的研究也得出同样结论，即公费师范生入职后面临教学能力不足、教学反思能力有待提高等问题，究其原因，她认为公费与他们在校期间学习动机不足、职业能力训练不够、见习不去农村学校等有关。职业兴趣方面，新入职师资职业兴趣低下与当初专业选择功利化有关，高静（2021）的调研发现，乡村公费师范生报考时，无动机和外部动机为主的占总人数的82.14%，具体包括他人建议、返还学费、录取分低、铁饭碗等，真正能从职业兴趣（热爱教师职业）的内在动机选择报考的仅占15.48%。职业生涯方面，公费师范生对乡村教育的主体认知缺位、情怀缺失是导致他们职业生涯适应差的原因之一。将职业生涯教育提前到报考前，并贯穿整个大学生涯，是帮助公费师范生良好适应乡村教育、拥有良好生涯规划的保障性举措。

第五节　结论与建议

新入职公费师资职业适应能力存在较大提升空间，尤其在职业兴趣、职业能力和职业生涯三个方面。

对于新入职公费师资来说，其职业性向与农村教师环境是否匹配，不仅影响其终身发展，而且对学校发展和学生成长也起着至关重要的作用。一旦教师流失，不仅会对学校和学生发展产生负面影响，对个体的职业生涯发展也会产生不利的影响。针对新入职公费师资职业适应中的问题，以及其基础

好、潜力大、可塑性强，外部环境易对他们产生较大影响等特点，可以以职业性向和匹配理论为基础，构建以本土化文化引领，以专业提升为动力，特殊问题特殊解决的发展平台，助力新入职的公费师资可持续发展，针对性地为他们解决专业成长中遇到的问题。

一、本土化文化引领，增强教师情怀

美国一项针对空间就业的研究表明，新教师更倾向于在离家近或与家乡相似的地方寻找教学岗位。李静美（2020）的研究也表明，无论是生源来源还是培养学校，离农村越近，学生的履约到岗意愿越强，"本土化"在吸引高校毕业生到农村学校任教中的作用尤为明显。相似的文化背景、生活习惯可以帮助新入职教师更好地完成职业适应。对于公费师范生来说，进行本土化文化的渗透，挖掘本土化优势，激发新入职公费师资服务家乡的使命感和责任感，可以增强他们的职业认同。另外，倡导尊师重道的社会风气，增强新入职教师的职业情怀，可以让他们感觉职业更有社会意义和价值。鉴于新入职公费师资在职业选择前对农村持有消极或理想化的偏见，应对他们增强本土化教育，厚植乡村情怀，让他们感受到乡土教育的优势，增强他们的留任意向和"隐性契约"。①

二、强化专业发展的内驱力，保障发展动力

公费师资专业发展与乡村息息相关，是入职教师逐渐掌握乡村教师专业知识和专业能力，不断内化乡村教师专业信念的过程，可以帮助新入职师资成长为合格甚至优秀的乡村教师。从调研结果可以看出，新入职公费师资在职业兴趣、职业能力方面存在薄弱现象，专业发展的内驱力较弱，专业发展动力不足。针对乡村的特殊环境，新入职公费师资要积极利用身边的各种资源，为自身专业发展寻求潜在机会，比如外出学习、网络学习等。另外，在农村大环境下，新入职师资要不断增强专业发展的自我意识，积极主动学习，及时把握有利于自身发展的一切因素与资源。

三、以人为中心，差异化对待特殊问题

研究发现，性别、就业地、职务等均对新入职公费师资职业适应产生影响，因此，对待不同性别，甚至是不同类别的新入职公费师资，需要采取差

---

① 隐性契约即"心理契约"，是存在于组织与员工之间的一种无形的、内隐的、不可书面化的心理期望，表现为个人愿意将所有奉献于组织，组织将针对个人期望予以配合和满足。

异化的、有针对性的措施引导其尽快投入职业环境中,以获得更高的工作效益。第一,帮助非生源地的新入职公费师资尽快了解当地的人文地理环境,加强本土化文化渲染,帮助入职农村的公费师资尽快融入农村环境。第二,保障新入职女性师资的生活便利,减少其职业困惑。第三,提升新入职公费师资的专业能力和班级管理能力,以帮助代理班主任职务的教师尽快适应。总之,要倡导以人为中心,特殊问题差异化对待的方式,让新入职公费师资感受到人文关怀,提升其心理资本和心理韧性,为更好地适应新环境提供心理保障。

第十一章

公费师范生对口接收学校的就业需求调研与分析

本章对山东省公费师范生就业单位的就业需求展开调研,重点研究对口接收单位在对即将入职的公费师范生在职业技能、职业能力、职业兴趣、职业价值观、职业风格等各方面的要求,结合农村教育综合环境(经济社会环境、文化教育环境、农村教师配置政策环境、学校文化和管理环境、学校微观生态人际环境)的现状,研发出山东省公费师范生对口接收单位就业需求问卷,并进行现状分析,根据实证调研发现和总结关于公费师范生的政策成效与普遍存在的政策问题,分析已入职的公费师资在管理和培养机制体制等方面的经验做法和制度性障碍,发现公费师资在入职适应等方面存在的问题。重点考察潍坊市、青岛市、济南市等对口接收单位在对新入职公费师资的职业培养和职业兴趣引导、鼓励方面的实战经验。

第一节　职业技能

调研发现,中小学教师所具备的职业技能按重要性得分从高到低,排序如表11-1所示。从排序可以看出,中小学教师的职业技能中,指导、说话、学习策略、积极倾听、批判性思维排在前五位,它们对于中小学教师来说最为重要。

表11-1　中小学教师必备的职业技能

项目	项目说明
指导	教别人怎么做某事
说话	与他人交谈,以便有效地传达信息
学习策略	选择和使用适合学习或教授新事物的训练/教学方法和程序

续表

项目	项目说明
积极倾听	全神贯注地听别人在说什么,花时间理解别人的观点,适当地提问,不在不适当的时候打断别人
批判性思维	运用逻辑和推理,找出问题的其他解决方案、结论或方法的优缺点
阅读理解	理解与工作有关的文件中的表述
协调	调整与他人行为相关的行动
监控	监督/评估自己、其他个人或组织的表现,以便做出改进或采取纠正行动
社会洞察力	了解他人的反应,并理解他们为什么这样做
写作	有效地以适合听众需要的写作方式进行沟通
主动学习	了解新资讯对当前及未来解决问题及决策的影响
判断和决策	考虑潜在行动的相对成本和收益,以选择最合适的一个
服务导向	积极寻找帮助他人的方法
时间管理	管理自己的时间和他人的时间
解决复杂的问题	识别复杂的问题并审查相关信息,以制订和评估备选方案并实施解决方案
系统分析	确定一个系统应该如何运作,条件、操作和环境的变化将如何影响结果

第二节 职业能力

中小学教师所具备的职业能力按重要性得分从高到低,排序如表11-2所示。从排序可以看出,中小学教师的职业能力中,口头表达能力、演绎推理能力、口头理解能力、语言清晰度、语言识别排在前五位,它们对于中小学教师来说更为重要。

表11-2 中小学教师必备的职业能力

项目	项目说明
口头表达能力	在说话时交流信息和思想,以便他人理解的能力
演绎推理能力	将一般规则应用于具体问题以产生有意义答案的能力
口头理解能力	通过口头语言和句子,倾听与理解信息和观点的能力。它不涉及解决问题,只涉及认识问题
语言清晰度	清晰地说话以便他人能听懂的能力

续表

项目	项目说明
语言识别	识别和理解他人语言的能力
书面理解	阅读和理解以书面形式表达的信息和观点的能力
流畅的想法	对一个主题提出许多想法的能力（重要的是想法的数量，而不是它们的质量、正确性或创造性）
信息排序	根据特定的规则（数字、字母、单词、图片、数学运算的模式）以特定的顺序或模式安排事物或行动的能力
近距离视力	近距离观察细节的能力（距离观察者不到几米）
独创性	对特定主题或情况提出不同寻常或聪明的想法，或开发解决问题的创造性方法的能力
类别灵活性	生成或使用不同规则，并以不同方式组合或归类事物的能力
选择性注意力	在一段时间内专注于一项任务而不受干扰的能力
时间分享	在两个或两个以上活动或信息来源（语音、声音、触摸或其他来源）之间来回转换的能力
远视力	远距离观察细节的能力
闭合的灵活性	识别或发现隐藏在其他分散注意力的材料中的已知模式（图形、物体、单词或声音）的能力
数学推理	选择正确的数学方法或公式解决问题的能力
记忆力	记忆单词、数字、图片和程序等信息的能力

第三节　职业兴趣

中小学教师所具备的职业兴趣按重要性得分从高到低，排序如表11-3所示。从排序可以看出，中小学教师需要具备社会性、艺术性、常规性这3种兴趣类型，才有可能胜任此类工作。

表11-3　中小学教师必备的职业兴趣

项目	项目说明
社会性	社会职业经常涉及与他人一起工作、与他人交流和教导他人。这些职业通常涉及帮助他人或为他人提供服务
艺术性	这类职业常与形式、设计和图案打交道。它们经常要求自我表达，而且工作可以在不遵循一套明确规则的情况下完成
常规性	常规的职业通常需要遵循一套既定的程序和惯例。这些职业可以包括处理数据和细节，而不是想法。通常都有明确的权力界限可循

第四节 工作风格

中小学教师所具备的工作风格按重要性得分从高到低，排序如表 11-4 所示。从排序可以看出，中小学教师认可度较高的五种工作风格分别是可靠性、适应能力或灵活性、关心他人、正直和自我控制。

表 11-4 中小学教师必备的工作风格

项目	项目说明
可靠性	工作要求可靠、负责和履行义务
适应能力/灵活性	工作需要乐于改变（正面或负面），以及对工作环境的多样性保持开放态度
关心他人	工作需要对他人敏感，需要理解和帮助他人
正直	工作需要诚实和有道德
自我控制	工作需要保持镇静，控制情绪，即使是在非常困难的情况下也要，控制愤怒，避免出现攻击性行为
主动性	工作需要承担责任和挑战的意愿
承受压力	工作需要接受批评，冷静有效地处理高压环境
合作	工作需要在工作中与他人保持愉快的关系，并表现出善良、合作的态度
成就/努力	工作需要建立和维持个人具有挑战性的成就目标，并为掌握任务付出努力
领导能力	工作需要有领导、负责、提供意见和指导的意愿
坚持	工作需要面对障碍时的坚持
注重细节	工作需要细心注意细节，完成工作任务要彻底
社交取向	工作需要喜欢与他人合作而不是单独工作，以及在工作中与他人建立个人联系
独立	工作需要发展，我们有自己的做事方式，在很少或没有监督的情况下指导自己，依靠自己把事情做好
创新	工作需要创造力和不同的思维方式，以便为与工作有关的问题提出新的想法和解决办法
分析性思维	工作需要分析信息，并运用逻辑来解决与工作相关的问题

第五节　职业价值观

中小学教师所具备的职业价值观按重要性得分从高到低,排序如表11-5所示。从排序可以看出,中小学教师在人际关系取向、成就取向、独立性取向、支持取向、工作条件和认可五个方面的需求较大。

表11-5　中小学教师必备的职业价值观

项目	项目说明
人际关系	在友好的非竞争环境中为他人提供服务,与同事一起工作
成就	以结果为导向,允许员工发挥他们最强的能力,给他们一种成就感。相应的需求是能力利用和成就感
独立性	满足这种工作价值观的职业允许员工独立工作并做出决定。相应的需求是创造力、责任感和自主性
支持	满足这种工作价值观的职业能够为员工提供支持性管理,支持员工。相应的需求是公司政策、监督、人际关系和监督技术
工作条件	满足这种工作价值观的职业能够为员工提供工作保障和良好的工作条件。相应的需求包括活动、薪酬、独立性、安全感、多样性和工作条件
认可	满足这种工作价值观的职业能够为员工提供晋升机会、领导潜力,而且往往被认为是享有声望的。相应的需求是进步、权威、认可和社会地位

第六节　工作活动

中小学教师所具备的工作活动按重要性得分从高到低,排序如表11-6所示。从排序可以看出,中小学教师的工作活动中最重要的包括有组织、计划和安排工作的优先顺序,获取信息,建立和维持人际关系,培训和教导他人,更新和应用相关知识等五项。

表 11-6 中小学教师必备的工作活动

项目	项目说明
组织、计划和安排工作的优先顺序	制订具体的目标和计划来安排工作的优先顺序、组织和完成工作
获取信息	观察、接收和以其他方式从所有相关来源获取信息
建立和维持人际关系	与他人发展建设性和合作性的工作关系，并长期保持这种关系
培训和教导他人	确定他人的教育需要，制订正规的教育或培训计划、课程，以及教授或指导他人
更新和应用相关知识	掌握最新的技术知识，并将新知识应用到工作中
辅导和培养他人	确定他人的发展需要，并辅导、指导或以其他方式帮助他人丰富知识或提高技能
决策和解决问题	分析信息和评估结果，选择最佳解决方案解决问题
创造性思维	开发、设计或创造新的应用、想法、关系、系统或产品，包括艺术贡献
协助及关怀他人	向同事、顾客或病人等提供个人协助、医疗照顾、情绪支援或其他个人照顾
制定目标和战略	制定长期目标并明确实现这些目标的战略和行动
与主管、同事或下属沟通	通过电话、书面形式、电子邮件或亲自向主管、同事及下属的方式提供资料
识别对象、行动和事件	通过分类、估计、识别差异或相似之处及检测环境或事件的变化来识别信息
发展和建立团队	建立团队，鼓励团队成员之间相互信任、尊重和合作
记录/记录资料	以书面或电子/磁性形式输入、抄录、记录、储存或保存资料
监察过程、物料或环境	监察及检查来自物料、事件或环境的资料，以发现或评估问题
安排工作和活动	安排事件、程序和活动，以及其他人的工作
协调他人的工作和活动	通过团队成员一起工作完成任务
与计算机交互	使用计算机和计算机系统（硬件和软件）编程、编写软件、设置功能、输入数据或处理信息
解决争端和与他人谈判	处理投诉、解决争端或以其他方式与他人谈判
分析数据或信息	通过将信息或数据分解成单独的部分来确定信息的基本原则、原因或事实

续表

项目	项目说明
评估信息以确定是否符合标准	利用相关信息和个人判断来确定事件或过程是否符合法律、法规或标准
与组织外的人沟通	代表组织与顾客、公众、政府和其他外部来源进行沟通。这些信息的沟通方式可以是当面交换、书面交换、电话或电子邮件交换
指导、引导和激励下属	为下属提供指导，包括制定业绩标准和监督业绩
处理信息	编写、编码、分类、计算、制表、审计或核实信息或数据
判断事物、服务或人的质量	评估事物或人的价值、重要性或质量。包括在餐馆和商店为顾客服务，接待客户或客人
为他人解释信息的含义	翻译或解释信息的含义和使用说明

第十二章
乡村振兴视野下公费师范生培育路径探索

公费师范生在校期间了解乡村振兴战略背景，领会教育振兴乡村的重大意义，才可能从源头上减少对抗情绪，真正为乡村服务。因此，在公费师范生培育过程中加强思政教育，增强学生对职业的认知，提升其家国情怀具有重要的战略意义。本研究通过了解公费师范生思想中存在的问题，及时发现公费师范生培育过程中面临的困境，寻找适合公费师范生的培育路径，对于规避培育风险，预先解决入职问题有极大的现实意义和价值。

第一节 地方公费师范生思政教育的必要性和重要性

2019年，习近平总书记在教师座谈会上强调，教师要落实立德树人的根本任务，坚持教育为人民服务、为中国共产党治国理政服务、为巩固和发展中国特色社会主义制度服务、为改革开放和现代化建设服务。作为教育振兴的重要资源，对公费师范生进行思政教育势在必行。

首先，学校开设思想政治课，专业课融入思政元素，可以在提升公费师范生专业能力的同时，提升其对教师职业的认同度和自豪感。公费师范生是未来教育振兴乡村的主力军和实践者，只有拥有服务乡村的教育情怀和坚定信念，才能激发他们的内生动力，帮助他们克服农村艰苦的工作环境，真正实现"留得住、教得好"这一目标。其次，公费师范生在良好的思政教育体系下浸润成长，会将这种思想政治修养传播给学生和当地民众（家长），实现思政教育的代际传递。这种传递有助于村民建构践行乡村健康的社会主义核心价值观，建设新时代乡村，展现良好向上的村风村貌；最后，思政教育会帮助公费师范生更好地融入乡村，从乡村汲取力量，实现乡村的文化反哺。

在精准扶贫、乡村振兴、科技兴农等国家重大战略举措下,乡村已不再是"面朝黄土背朝天"的落后局面,但村民的淳朴和力量还在,这种科技与文化的反差可以帮助公费师范生重新认识乡村,从乡村淳厚的文化中汲取精神力量,提高建设人类命运共同体的思想觉悟,为减小城乡差距贡献自己的力量,从乡村教育振兴中得到更多的成就感。

第二节　地方公费师范生存在的思想问题

自2016年山东省实施公费师范生政策以来,已经陆续有6批公费师范生步入高校,2批公费师资步入农村教师工作岗位。本研究通过对1068名在校公费师范生和432名已入职的公费师资进行调研发现,他们在专业选择、学习动力、职业兴趣、职业信念等方面存在不同程度的问题。

一、专业选择被动化、功利化

公费师范生在进行专业选择时,更多的是基于外部诱因被动选择,比如他人建议、未来工作稳定、免学费且有补助、自己的分数刚好够公费师范学校等,真正对未来职业感兴趣、热爱教育事业、想做一名人民教师的只占总人数的21.74%,仅有2.17%的学生为了"支援国家落后地区的教育事业"选择成为公费师范生。公费师范生在选择问题上的被动性与现实性,有可能会导致其在学习期间或者入职以后面临问题时,缺乏主动性或者动力不足。这种选择的被动性也会导致学生在入学后的一段时间内出现抵触情绪,影响学业的主动性,且容易造成教师专业发展不充分,制约教师专业化目标的实现。当然这种选择的非自主性也与长期的教育制度有关,不但公费师范生专业的选择存在这一问题,几乎所有大学生的专业选择都存在极大的非自主性,会受到国家政策、家长社会地位、经济因素、受教育程度等各种因素的影响。

二、学习态度不端正,动力不足

鉴于公费师范专业的定向就业性,公费师范生在学业上呈现三种态势,31.57%的学生对即将从事的职业认同感很高,感觉教师是一项光荣的职业,因此学习投入度高,自主性强;29.64%的学生对教师这一职业角色存在认知模糊的情况,职业信念不强,导致学习积极性不高,动机不强;38.79%的学生因为定向就业而缺乏学习动力，认为自己已经有"铁饭碗"，得过且过，缺乏危机感，甚至出现重修或挂科现象。

三、职业兴趣不稳定，存在波动现象

从年级来看，公费师范生的职业兴趣在年级上呈现出波动性，大二学生的职业兴趣最高，显著高于大四和大一的学生，即刚入校一年的学生，在学习了一定的专业知识和技能的基础上，对自己与未来从事职业的匹配性评价较高，但经过大三的实训、大四的实习，大三和大四的学生对自己职业性向的认识更加理性，更能认识到自己的职业性向与未来职业需求之间的差距性，对自己的评分出现显著回落的现象。除此之外，公费师范生职业价值观的不明朗和对农村教师职业的不坚定也是导致他们出现职业兴趣不稳定的重要原因。

四、从教信念不坚定

公费师范生过分关注政策带来的经济利益，对教师这一职业的神圣性和使命感缺乏认识，真正愿意长期和终身从事教育工作的学生比例较低，职业认同度和留任意愿较低。从入职后公费师资的调查数据发现，45.11%的新入职公费师资认为"协议期满后，我会选择离开农村教师岗位"，42.97%的新入职公费师资认为"协议期满后，我不确定自己是否会离开农村教师岗位"，仅有11.92%的新入职公费师资选择"我愿意终身为乡村教育振兴服务"。

第三节 地方公费师范生培育的路径探索

朱永新（2018）认为，乡村教师流失现象严峻、高校人才培养与乡村发展需要不匹配是制约乡村教育振兴的重要因素。高校培养过程中注重知识、技能、能力提升，忽视思政教育，是导致公费师范生"下不去、留不住"的重要原因。因此，探索公费师范生思政教育的路径和方法，提高公费师范生培育质量是卓越教师培育最紧迫的任务。

一、厚植服务乡村信念，强化专业发展动力

乡土文化是乡村教师专业发展的文化之源。公费师范生培育院校，须建

立职前培训和职后教育一体化的培训体系，在职前培训和职后教育中增加乡土文化的培训内容，通过搭建乡村知识平台，乡村艺人进校园等方式，增加学生对乡村风俗习惯、历史文化、未来发展等方面的了解，增强其服务乡村的信念。对乡村文化的了解和吸纳，可以满足学生的情感需求，进而成为学生留任的动力。除此之外，学生自身需强化专业发展的动力，从自身入手，主动通过社会实践等方式学习乡村文化，融入乡村教育，充分了解乡村社会文化、经济政治等现状，从文化中寻找教育灵感，增强专业学习和发展的实践性，以更好地服务于乡村。

二、提升职业认同，激发学生服务乡村的内驱力

内部动机才能使个体获得内在的愉悦与满足，具有持续的激励作用，从事活动时不需外力作用的推动，能体会到发自内心的欣喜与满足。在校期间，应通过夯实专业知识和技能，提升学生入职后的职业效能感，引领学生对乡村教师的职业认同，激发学生服务乡村的信念。只有认同乡村教师这一职业，学生才会真正"放下架子"扎根乡村教育，体验、感受乡村生活，了解乡村教育与城市教育存在的差距，形成对自身职业和未来发展的客观认识，持续为乡村教育振兴尽一己之力。另外，公费师范生培育院校还应对学生进行教师情感和情怀的课程教育，激发学生服务乡村的责任感和价值意识。

三、以社会实践、见习、实训、实习为依托，实施使命教育

公费师范生培育院校可充分利用学生社会实践、见习、实训、实习等活动，为公费师范生搭建起深入农村、了解农村、服务农村的桥梁。通过进村参观、入户调研、访谈等方式帮助学生了解乡村文化历史、生态环境及科技带来的乡村新发展、新机遇；通过参与劳动实践、聆听红色革命故事、深入农村课堂听课、评课等，帮助公费师范生熟悉乡村风土人情，了解当前中小学教育教学中面临的困境，提升公费师范生对农村教育全面、科学的认识，帮助他们发现机遇、施展才华，全面推动乡村振兴和人才建设。

附　录

附录一　访谈提纲

访谈对象：企业中高层管理人员或者人力资源管理者
您所在的企业名称：
您的职位：
性别：
您在本企业的工作年限：
访谈时间：45分钟左右
访谈内容：

1. 您认为员工和组织的匹配，比如"员工-工作"匹配、"员工-组织价值观"匹配、"员工-团队"匹配、"员工-上级"匹配对员工或组织来说重要吗？重要性主要体现在哪些方面？

2. 您认为"员工-工作"匹配、"员工-组织价值观"匹配、"员工-团队"匹配、"员工-上级"匹配这四种匹配中，哪一种对员工来说最重要？

3. 您认为有哪些因素会影响员工对匹配的评价，比如工作年限与职位？工作年限越久，"员工-组织"匹配就会变得更重要，工作年限越短，员工-工作的匹配最重要？专业岗的员工会认为员工与工作的匹配最重要，而管理岗的员工会认为员工与组织的匹配更重要，您认同这样的观点吗？

4. 您认为"员工-工作"匹配、"员工-组织价值观"匹配、"员工-团队"匹配、"员工-上级"匹配这四种匹配会对员工的哪些态度和行为产生影响？这些匹配因素又会不会通过影响员工的态度和行为进而对团队效能或者组织效能产生影响？

5. 您认为新入职的员工要想成为一名好员工需要哪些方面的培训？

6. 您认为工作 2~5 年的员工最需要哪些方面的培训？

7. 您认为哪类员工的流失率最大，A. 1 年以下的员工、B. 2~5 年的员工、C. 5 年以上的员工？为什么？

8. 贵单位近期有没有员工心理培训计划，比如团队合作、压力管理、情绪疏导、人际沟通等方面的培训？如有，这样的培训大都采用什么样的方式来完成？这样的培训对员工来说有什么样的效用？

附录二 部分问卷

一、匹配性问卷

指导语：以下题项是对您和您所在团队及组织的一些情况描述，请根据现实情况及您的感受进行选择，并在相应选项的数字上打"√"	完全不符合	基本不符合	有些不符合	不确定	有些符合	基本符合	完全符合
1. 我非常认同我所在组织的目标	1	2	3	4	5	6	7
2. 我的个人目标与我所在组织的目标非常相似	1	2	3	4	5	6	7
3. 我并不像我许多的同事一样，非常关心我们所在组织的目标	1	2	3	4	5	6	7
4. 我在生活中所看重的东西与我所在组织看重的东西非常相似	1	2	3	4	5	6	7
6. 我的个人价值观与我所在组织的价值观和文化相匹配	1	2	3	4	5	6	7
7. 我所在组织的价值观和文化与我在生活中所看重的东西十分吻合	1	2	3	4	5	6	7
8. 我的工作提供给我的东西与我在岗位中寻求的东西是相匹配的	1	2	3	4	5	6	7
9. 我的工作很好地满足了我在工作中所寻求的东西	1	2	3	4	5	6	7
10. 我的工作几乎把所有我想从工作中得到的东西都给我了	1	2	3	4	5	6	7
11. 我的岗位要求与我个人的技能匹配得很好	1	2	3	4	5	6	7

续表

指导语:以下题项是对您和您所在团队及组织的一些情况描述,请根据现实情况及您的感受进行选择,并在相应选项的数字上打"√"	完全不符合	基本不符合	有些不符合	不确定	有些符合	基本符合	完全符合
12. 我的个人能力与所接受的培训与我目前工作的要求很相符	1	2	3	4	5	6	7
13. 我的个人能力和所接受的教育与工作对我的要求很匹配	1	2	3	4	5	6	7
14. 与团队中的其他成员共事是工作中美好的事情之一	1	2	3	4	5	6	7
15. 在日常工作中,我与我的同事相处融洽	1	2	3	4	5	6	7
16. 在我的团队中,成员之间的冲突不多	1	2	3	4	5	6	7
17. 如果我有更多闲暇时间,我愿意花更多的时间和同事们一起社交	1	2	3	4	5	6	7
18. 在工作中,如果可以的话,我尽可能地避免与某些人接触	1	2	3	4	5	6	7
19. 我的个人目标和主管的目标非常相似	1	2	3	4	5	6	7
20. 我和领导总是对同一件事情持相似的观点	1	2	3	4	5	6	7
21. 我和领导的价值观非常相似	1	2	3	4	5	6	7
22. 我和领导总能进行有效的沟通	1	2	3	4	5	6	7
23. 我的个人兴趣与目前我从事的职业中所做的工作相匹配	1	2	3	4	5	6	7
24. 我的技能和能力很适合我目前所从事的职业	1	2	3	4	5	6	7
25. 当考虑到自己的兴趣时,有时候我会怀疑自己选错了职业	1	2	3	4	5	6	7

二、职业适应性问卷

以下题项是对您及您现在工作的一些情况描述,请根据现实情况及您的感受进行选择,并在相应选项的数字上打"√"	完全不同意	基本不同意	有些不同意	不确定	有些同意	基本同意	完全同意
1. 我能很好地接受公司的经营模式	1	2	3	4	5	6	7
2. 我能很好地接受公司的规章制度	1	2	3	4	5	6	7
3. 我认同组织的价值观	1	2	3	4	5	6	7
4. 我能很好地接受公司的管理理念	1	2	3	4	5	6	7
5. 我能把所学专业知识很好地应用到工作中	1	2	3	4	5	6	7

续表

以下题项是对您及您现在工作的一些情况描述,请根据现实情况及您的感受进行选择,并在相应选项的数字上打"√"	完全不同意	基本不同意	有些不同意	不确定	有些同意	基本同意	完全同意
6. 我能把所掌握的技能很好地应用于工作	1	2	3	4	5	6	7
7. 我能很好地解决工作中遇到的问题	1	2	3	4	5	6	7
8. 我能很好地适应从学生到员工的角色转变	1	2	3	4	5	6	7
9. 我能很好地处理组织内的人际关系	1	2	3	4	5	6	7
10. 我能很好地与其他部门同事进行沟通交流	1	2	3	4	5	6	7
11. 我能将上下级关系处理得很好	1	2	3	4	5	6	7
12. 我与团队成员的相处很融洽	1	2	3	4	5	6	7

三、工作投入问卷(部分)

以下5个句子是有关工作中的感受的陈述。请仔细阅读,并确定您是否曾在工作中有过这样的感受。从1到5表明感受发生得越来越频繁,选取最适合您自己的答案
1 = 从来不这样,2 = 偶尔如此,3 = 不确定,4 = 有时如此,5 = 一直如此

1.	在工作中,我感到自己能迸发出能量	1 2 3 4 5
2.	我对工作富有热情	1 2 3 4 5
3.	当我工作时,我忘记了周围的一切事情	1 2 3 4 5
4.	工作时,我感到自己强大并且充满活力	1 2 3 4 5
5.	工作激发了我的灵感	1 2 3 4 5

四、团队士气问卷

请标出最接近您所在工作团队实际情况的描述:
1 = 很不同意,2 = 不太同意,3 = 不确定,4 = 比较同意,5 = 很同意

1.	团队总能完成任务开始时规定的目标	1 2 3 4 5
2.	团队与公司同类团队相比业绩突出	1 2 3 4 5
3.	团队的目标完成度较高	1 2 3 4 5
4.	团队保持良好的计划进度	1 2 3 4 5
5.	团队解决问题效果良好	1 2 3 4 5
6.	团队成员之间的合作令人愉快	1 2 3 4 5
7.	我愿意继续与其他成员合作	1 2 3 4 5
8.	对与团队其他成员未来的合作,我保持高度的热情和信心	1 2 3 4 5

续表

	请标出最接近您所在工作团队实际情况的描述： 1 = 很不同意，2 = 不太同意，3 = 不确定，4 = 比较同意，5 = 很同意	
9.	团队内部气氛和谐，成员之间彼此信赖	1 2 3 4 5
10.	您喜欢与团队的其他成员进行互动	1 2 3 4 5
11.	相比于参加其他活动，您更愿意参加团队的活动	1 2 3 4 5
12.	为了更好地完成工作，您需要与其他成员进行沟通与协作	1 2 3 4 5
13.	团队所完成的工作需要团队成员的共同努力	1 2 3 4 5
14.	为达成团队目标，团队成员需要同心协力	1 2 3 4 5
15.	团队成员不需要合作即可达成团队目标	1 2 3 4 5
16.	在团队里，团队协作、敬业是所有成员的共同特点	1 2 3 4 5
17.	每个团队成员都把团队的目标当作自己的工作目标	1 2 3 4 5
18.	团队里，每个成员都在为实现团队目标而努力	1 2 3 4 5

五、学业满意问卷

	请根据您的实际情况，对以下项目进行评分。1~5分别表示非常不满意、比较不满意、不确定、比较满意、非常满意	
1.	课程设置的满意程度	1 2 3 4 5
2.	教学方式的满意程度	1 2 3 4 5
3.	课程内容实用性的满意程度	1 2 3 4 5
4.	课程内容趣味性的满意程度	1 2 3 4 5
5.	实践教学的满意程度	1 2 3 4 5
6.	考核方式的满意程度	1 2 3 4 5
7.	教师教学水平的满意程度	1 2 3 4 5
8.	教师（辅导员等）管理水平的满意程度	1 2 3 4 5

六、职业兴趣问卷

	请根据您的实际情况，对以下项目进行评分。1~5分别表示非常不符合、比较不符合、不确定、比较符合、非常符合	
1.	我喜欢与他人一起工作	1 2 3 4 5
2.	我喜欢与他人交流	1 2 3 4 5
3.	我喜欢教导他人	1 2 3 4 5
4.	我喜欢帮助他人	1 2 3 4 5
5.	我喜欢为他人提供服务	1 2 3 4 5

七、生涯适应问卷（部分）

	请根据您的实际情况，对以下项目进行评分。1~5分分别表示非常不符合、比较不符合、不确定、比较符合、非常符合	
1.	考虑我的未来会是什么样的	1 2 3 4 5
2.	能意识到今天的选择对我的未来有决定作用	1 2 3 4 5
3.	为未来做准备	1 2 3 4 5
4.	意识到我必须做出教育和职业选择	1 2 3 4 5
5.	计划如何实现我的目标	1 2 3 4 5

参考文献

Aiken, L. S., & Stephen G. W. (1991). *Multiple Regression: Testing and Interpreting Interactions*. Thousand Oaks, CA: SAGE Publications, Inc.

Ashforth, B. E., David S., & Alan M. S. (2007). Socialization tactics, proactive behavior, and newcomer learning: integrating socialization models. *Journal of Vocational Behavior*, 70(3), 447–462.

Babcock, B., & Michael E. Y. (2012). Enhancing job analysis surveys in the medical specialties with CMS data. *Evaluation & the Health Professions*, 36(2), 33–52.

Barnes, J. A., & Frederick J. Z. (2013). Associations of occupational attributes and excessive drinking. *Social Science & Medicine*, 92, 35–42.

Barsade, S. G. (2002). The ripple effect: Emotional contagion and its influence on group behavior. *Administrative Science Quarterly*, 47(4), 644–675.

Bashshur, M. R., Ana H., & Vicente G. R. (2011). When managers and their teams disagree: A longitudinal look at the consequences of differences in perceptions of organizational support. *Journal of Applied Psychology*, 96(3), 558–573.

Berkelaar, B. L., & Patrice M. B. (2014). Cybervetting, person-environment fit, and personnel selection: Employers' surveillance and sensemaking of job applicants' online information. *Journal of Applied Communication Research*, 42(4), 456–476.

Biswas, S., & Jyotsna B. (2013). Mediator analysis of employee engagement: Role of perceived organizational support, P-O fit, organizational commitment and job satisfaction. *Vikalpa*, 38(1), 27–40.

Boyd, R. (2008). Staffing the commons: job analysis in the context of an information commons. *Library Hi Tech*, 26(2), 127-135.

Brown, A. C. et al. (2014). Collective fit perceptions: A multilevel investigation of person-group fit with individual-level and team-level outcomes. *Journal of Organizational Behavior*, 35(7), 969-989.

Cable, D. M., & Scott DeRue D. (2002). The convergent and discriminant validity of subjective fit perceptions. *Journal of Applied Psychology*, 87(5), 875-884.

Chi, N.-W., & Su-Ying P. (2012). A multilevel investigation of missing links between transformational leadship and task performance: The mediating roles of perceived person-job fit and person-organization fit. *Journal of Business and Psychology*, 27(1), 43-56.

Cifre, E., et al. (2013). Job-person fit and well-being from a gender perspective. *Journal of Work and Organizational Psychology*, 29(3), 161-168.

Clercq, S., Johnny R. J. Fontaine, & Frederik A. (2008). In search of a comprehensive value model for assessing supplementary person-organisation fit, *The Journal of Psychology: Interdisciplinary and Applied*, 142(3), 277-302.

Cucina, J. M., et al. (2012). Self-serving bias effects on job analysis ratings. *The Journal of Psychology: Interdisciplinary and Applied*, 146(5), 511-531.

De Goede, M. E. E., et al. (2011). Attracting applicants on the Web: PO fit, industry culture stereotypes, and website design. *International Journal of Selection and Assessment*, 19(1), 51-61.

Doyle, E. I., et al. (2012). The national health educator job analysis 2010: process and outcomes. *Health Education & Behavior*, 39(6), 695-708.

Edwards, J. R. (1991). Person-job fit: A conceptual integration, literature review, and methodological critique. In C. L. Cooper & I. T. Robertson (Eds.) *International review of industrial and organizational psychology*, London: John wiley & Sons.

Edwards, J. R., et al. (2006). The phenomenology of fit: Linking the person and environment to the subjective experience of person-environment fit. *Journal of Applied Psychology*, 91(4), 802-827.

Erdogan, B., & Talya N. B. (2005). Enhancing career benefits of employee proactive personality: The role of fit with jobs and organizations. *Personnel Psychology*, 58(4), 859-891.

Farooquia, S., & Asha N. (2014). The impact of person organization fit on job satisfaction and performance of the employees. *Procedia Economics and Finance*, 11, 122 – 129.

Fiorilli, C., et al. (2019). Teachers' burnout: the role of trait emotional intelligence and social support. *Frontiers in Psychology*, 10, 19.

Follmer, E. H., et al. (2018). Resolution, relief, and resignation: A qualitative study of responses to misfit at work. *Academy of Management Journal*, 61(2), 440 – 465.

Fujishiro, K., et al. (2013). Current employment status, occupational category, occupational hazard exposure and job stress in relation to telomere length: the multiethnic study of atherosclerosis (MESA). *Occupational and Environmental Medicine*, 70(8), 552 – 600.

Gaffney, P. (2014). The nature and meaning of teamwork. *Journal of the Philosophy of sport*, 42(1), 1 – 22.

Garbin, G. M., & Chmielewski C. M. (2013). Job analysis and role delineation: LPN/LVNs and hemodialysis technicians. *Nephrology nursing journal: journal of the American Nephrology Nurses' Association*, 40(3), 225 – 40.

Gibson, C. B. Cecily D. C., & Jay A. C. (2009). Do you see what we see? The complex effects of perceptual distance between leaders and teams. *The Journal of Applied Psychology*, 94(1), 62 – 76.

Glosenberg, A., et al. (2019). Person-vocation fit across the world of work: Evaluating the generalizability of the circular model of vocational interests and social cognitive career theory across 74 countries. *Journal of Vocational Behavior*, 112, 92 – 108.

Goffin, D. R., et al. (2011). Choosing job-related personality traits: Developing valid personality-oriented job analysis. *Personality and Individual Differences*, 51(5), 646 – 651.

Harris, F. & Leslie de C. (2001). Corporate branding and corporate brand performance. *European Journal of Marketing*, 35(34), 441 – 456.

Henry, B. K., Holly A. & Barbara C. (1999). A tripartite model of group identification. *Small Group Research*, 30(5), 558 – 581.

Holland, J. L. (1985). *Making Vocational Choices: A Theory of Vocational Personalities and Work Environments*. Englewood Cliffs, NJ: Prentice-Hall.

Joseph, C., Daniel I., & Nastasia L. (2011). Measurement consistency among observational job analysis methods during an intervention study. *International Journal of Occupational Safety and Ergonomics*, 17(2), 39–46.

Keller, M., et al. (2013). Instrument for stress-related job analysis for hospital physicians: validation of a short version. *Journal of occupational medicine and toxicology*, 8(1), 10.

Kim, S. Y., & Jee-Yeon L. (2011). A study on the development of Korean academic libraries' duty model based on the job analysis. *Aslib Proceedings*, 63(1), 54.

Kristof-Brown, A. L. (1996). Person-organization fit: An integrative review of its conceptualizations, measurement, and implications. *Personnel Psychology*, 49(1), 1–49.

Kristof-Brown, A. L., et al. (2014). Collective fit perceptions: A multilevel investigation of person-group fit with individual-level and team-level outcomes. *Journal of Organizational Behavior*, 35(7), 969–989.

Lam, S. S. K., John S., & Samuel A. (2002). Relationship between organizational justice and employee work outcomes: A cross-national study. *Journal of Organizational Behavior*, 23(1), 1–18.

Lee, S., & Eunmi J. (2017). The relationships of person-organization fit and person-job fit with work attitudes: A moderating effect of person-supervisor fit. *Journal of Engineering and Applied Sciences*, 12(14), 3767–3778.

Liu, Y. C., Younghwa L., & Andrew N. K. (2011). Evaluating the effects of task-individual-technology fit in multi-DSS models context: A two-phase view. *Decision Support Systems*, 51(3), 688–700.

Makraiova, J., Erika P., & Paul W. (2014). Person-organisation fit in the context of cultural learning. *Procedia Engineering*, 69, 712–719.

Massey, C. D., & John V. (2013). A job analysis of major college female strength and conditioning coaches. *Journal of Strength and Conditioning Research*, 27(7), 2000–2012.

Merecz, D., & Aleksandra A. (2012). Relationship between person-organization fit and objective and subjective health status (person-organization fit and health). *International Journal of Occupational Medicine and Environmental Health*, 25(2), 166–77.

Muchinnsky, P. M., & Carlyn J. M. (1987). What is person-environment congruence? Supplementary versus complementaty models of fit *Journal of Vocational Behavior*, 31(3), 268-277.

Ngai, L. R., Christopher P. & Jin W., (2019). China's mobility barriers and employment allocations. *Journal of the European Economic Association*, 17(5), 1617-1653.

Onağ, Z., & Mustafa T. (2014). Team effectiveness in sport teams: the effects of team cohesion, intra team communication and team norms on team member satisfaction and intent to remain. *Procedia-Social and Behavioral Sciences*, 150(15), 420-428.

Patall, E. A. (2021). Self-determination theory: eminent legacy with boundless possibilities for advancement. *Motivation Science*, 7(2), 117-118.

Rus, C., et al. (2013). Teachers' professional identity: A content analysis. *Procedia-Social and Behavioral Sciences*, 78(13), 315-319.

Sanchez, I. J., & Edward L. L. (2012). The rise and fall of job analysis and the future of work analysis. *Annual Review of Psychology*, 63(1), 397-425.

Schaufeli, W., 时勘 & Pieternel D. (2014). 工作投入的心理奥秘:活力·专注·奉献[M]. 北京:机械工业出版社.

Schneider, B. (1987). The people make the place. *Personnel Psychology*, 40(3), 437-453.

Schuller, K., Ulrike R., & Renate R. (2014). Self-reported job characteristics and negative spillover from work to private life as mediators between expert-rated job characteristics and vital exhaustion. *European Journal of Work and Organizational Psychology*, 23(2), 177-189.

Seong, J. Y. & Kristof-Brown A. L. (2012). Testing multidimensional models of person-group fit. *Journal of Managerial Psychology*, 27(6), 536-556.

Shamir, B. Eliav Z., & Esther B., et al. (1998). Correlates of charismatic leader behavior in military units: subordinates' attitudes, unit of characteristics, and superiors' appraisals of leader performance. *Academy of Management Journal*, 41(4), 387-401.

Shin, S. J., et al. (2012). A job analysis of care helpers. *Journal of Educational Evaluation for Health Professions*, 9, 2.

Stone, D. L., et al. (2013). Factors affecting the effectiveness and acceptance of electronic selection systems. *Human Resource Management Review*, 23(1), 50-

70.

Tjosvold, D. (1988). Cooperative and competitive interdependence: collaboration between departments to serve customers. *Group & Organization Studies*, 13(3), 274–289.

Vogel, R. M., & Daniel C. F. (2009). Feldman. Integrating the levels of person-environment fit: The roles of vocational fit and group fit. *Journal of Vocational Behavior*, 75(1), 68–81.

Wang, N., & John S. (2012). Obtaining content weights for test specifications from job analysis task surveys: An application of the many-facets rasch model. *International Journal of Testing*, 12(4), 299–320.

Yaniv, E. & Ferenc F. (2005). The impact of person-organization fit on the corporate brand perception of employees and of customers. *Journal of Change Management*, 5(4), 447–461.

Yu, K. Y. T. (2013). A motivational model of person-environment fit: Psychological motives as drivers of change. In A. L. Kristof-Brown, & J. Billsberry (Eds.), *Organizational Fit: Key Issues and New Directions* (pp. 21–49). New Jersey Wiley-Blackwell.

Zeynep, T. (2014). Big questions for social media big data: Representativeness, validity and other methodological pitfalls. *Proceedings of the 8th International Conference on Weblogs and Social Media, ICWSM*.

曹云飞,史烽,蔡翔. 人与环境匹配的整合研究[J]. 商业时代,2012(3):17–18.

曹珊. 基于教育实习的公费师范生从教信念培养[J]. 教育理论与实践,2020,40(31):34–38.

陈其秀,彭文波. 大学生心理韧性与就业压力的关系研究[J]. 中国大学生就业,2022(15):57–64.

陈小玲. 人-组织匹配对组织承诺、离职倾向的影响研究[D]. 武汉:中国地质大学,2013.

戴妍. 乡村教师的主体自觉及其培育[J]. 陕西师范大学学报(哲学社会科学版),2021,50(4):92–102.

范巍. 人事选拔决策过程的匹配评价研究:基于策略捕捉技术[J]. 心理科学,2012,35(1):220–225.

方翰青,谭明. 高职生职业适应性的实证研究[J]. 教育学术月刊,2012(11):

83-86.

方小婷,叶宝娟,杨强,等.主动性人格对大学生职业决策困难的影响:职业生涯探索与职业成熟度的中介作用[J].心理发展与教育,2017,33(5):561-568.

房艳梅.公费师范生职业认同培养研究[J].教育理论与实践,2019,39(23):30-32.

方阳春,金惠红.包容型领导风格对高校科研团队绩效影响的实证研究[J].技术经济,2014,33(4):53-57.

甘媛源,杨化刚,田金亭,等.中文版"工作投入量表"测量信度的分析:基于多元概化理论和310名教师的调查数据[J].湖南农业大学学报(社会科学版),2011,12(3):62-65.

高静.乡村教师定向师范生政策满意度与报考动机研究:以江苏省N学院为例[J].成都师范学院学报,2021,37(4):55-62.

高英姿.不同生源地大学生职业生涯规划的比较研究:以北京市八所双一流建设高校为例[D].北京:中央民族大学,2021.

郭孟超,郭丛斌,王家齐.家庭背景对中国大学生专业选择的影响[J].教育学术月刊,2020(6):58-65.

郭玉佳.个人-组织价值观匹配与离职倾向的关系研究:以组织承诺和主管承诺为中介变量[D].济南:山东大学,2012.

姜静.霍布斯鲍姆论当代世界的社会变革[J].大庆师范学院学报,2022,42(5):74-82.

靳葛.生涯教育影响下的专业志愿选择与职业决策[J].江苏高教,2020,236(10):106-110.

金菁.房地产企业员工个人 组织价值观匹配与工作满意度的关系研究[D].杭州:浙江财经学院,2012.

井润田,胡思瑶.角色采择和领导-成员关系对团队绩效的影响[J].科研管理,2014,35(2):3-69.

乐嘉昂,彭正龙,高源.职场排斥与强制性公民行为影响机制研究[J].华东经济管理,2013,27(2):106-111.

李超平.变革型领导与团队效能:团队内合作的跨层中介作用[J].管理评论,2014,26(4):73-81.

李海斌.应对方式、人格对大学生抑郁的影响研究[D].重庆:西南大学,2014.

李洁.个人-组织匹配与绩效相关因素的关系研究[J].企业管理,2014(5):

119-121.

李静美. 农村公费定向师范生"下得去、留得住"的内在逻辑[J]. 中国教育学刊,2020(12):70-75.

刘冰,于莹莹,袁雨晴. 团队心理安全与团队效能的关系研究:以领导行为为调节变量[J]. 华东经济管理,2018,28(9):117-124.

李金星. 个人-组织匹配对员工敬业度的影响研究[D]. 桂林:广西师范大学,2011.

李金星,张晞. 个人-组织匹配的研究现状述评[J]. 福建商业高等专科学校学报,2011(2):31-35.

李小妹,白晗. 高师免费师范生教师职业性向现状调查及对策探讨[J]. 陕西学前师范学院学报,2020,36(8):100-109.

梁结玲. 公费师范生的公共性及其建构[J]. 教育理论与实践,2020,40(25):33-37.

刘春雷. 当代大学生就业心理问题及其影响因素研究[D]. 长春:吉林大学,2010.

刘期,王建民,赵圆圆,等. 北京市交通民警工作满意度相关分析[J]. 北京人民警察学院学报,2010(1):59-63.

刘雄英. 职业性向:教师评价的重要维度[J]. 教育发展研究,2011,31(8):59-62.

龙立荣,邱功英. 基于员工偏好的福利分类及其影响因素研究[J]. 管理学报,2013,10(1):84-90.

卢嘉,时勘,杨继锋. 工作满意度的评价结构和方法[J]. 中国人力资源开发,2001(1):15-17.

罗德钦,曾文婧,余云坚. 公费师范生服务农村教育的现实困境与对策建议:基于东北师范大学公费师范生的实证调查[J]. 现代中小学教育,2013(3):70-75.

罗杰,周瑗,陈维,等. 教师职业认同与情感承诺的关系:工作满意度的中介作用[J]. 心理发展与教育,2014,30(3):322-328.

马静. 宁夏公费师范生培养的困境与出路[J]. 宁夏师范学院学报,2018,39(11):5-8.

马红宇,申传刚,杨璟,等. 边界弹性与工作-家庭冲突、增益的关系:基于人·环境匹配的视角[J]. 心理学报,2014,46(4):540-551.

马丽,杨春江. 科研人员的工作家庭匹配和平衡研究——基于个人-环境匹配的视角[J].中国人力资源开发,2013(7):10-16.

孟媛媛,刘瑶,李雪梅.新冠肺炎疫情常态化防控背景下大学生就业压力影响因素研究[J].就业与保障,2022(10):21-23.

潘孝富,秦启文,张永红,等.组织心理所有权、基于组织的自尊对积极组织行为的影响[J].心理科学,2012,35(3):718-724.

钱芳,郭雨涵.公费师范生培养实施情况调研及政策建议[J].中国教师,2019(6):11-16.

任胜洪,陈倩芸.乡村教师公费定向培养机制的完善及风险防控[J].江汉学术,2020,39(3):62-68.

时勘,王元元.组织-员工价值观匹配对工作分析结果评价的影响:基于煤矿企业员工的实证研究[J].软科学,2015,29(2):95-100.

孙健敏,焦海涛,赵简.组织支持感对工作投入与工作家庭冲突关系的调节作用[J].应用心理学,2011,17(1):31-35.

谭明,方翰青.我国职业适应性研究综述[J].中国职业技术教育,2012(18):34-39.

谭小宏.个人与组织匹配研究现状与展望[J].人力资源管理,2011(4):152-153.

唐源鸿,卢谢峰,李珂.个人-组织匹配的概念,测量策略及应用:基于互动性与灵活性的反思[J].心理科学进展,2010(11):1762-1770.

汪可真,郑兴山,张林.员工-主管契合对工作满意度作用的研究[J].陕西农业科学,2011,57(1):183-187.

王茂福,徐艳.农民工的职业适应与继续社会化研究[J].华中科技大学学报(社会科学版),2010,24(1):110-116.

王谦,王丽娟.反思性实践:师范生公费培养的现实关照[J].黑龙江教育学院学报,2019,38(9):13-16.

王雪莉,马琳,张勉.基于独生子女的调节作用的个人-工作匹配,工作满意度与员工离职倾向研究[J].管理学报,2014,11(5):691-695.

王益富.企业员工职业适应能力:测量及影响机制[D].重庆:西南大学,2014.

王玉娟,盛莉,邵桂红.新时代高校辅导员职业性向探究[J].市场周刊,2018(12):181-182.

王元元.新入职公费师资职业适应现状及提升建议:基于山东省公费师范师资的调查[J].潍坊学院学报,2022,22(5):96-101.

王元元.知识型员工创新行为影响因素的多通道模型[D].南京:南京师范大

学,2012.

王元元,时勘. 知识型员工创新行为影响因素的多通道模型[J]. 湘潭大学学报(哲学社会科学版),2014,38(3):52-58.

王忠,张琳. 个人-组织匹配、工作满意度与员工离职意向关系的实证研究[J]. 管理学报,2010,7(3):379-385.

魏焕. 知识型员工个人-组织价值观匹配度与工作满意度的关系研究[D]. 济南:山东大学,2011.

奚玉芹. 人-组织匹配感知:维度结构及对员工工作绩效的作用机制[D]. 上海:东华大学,2012.

奚玉芹,戴昌钧. 人-组织匹配研究综述[J]. 经济管理,2009,31(8):180-186.

奚玉芹,戴昌钧,杨慧辉. 人-组织匹配、工作满意和角色外行为[J]. 软科学,2013,27(5):96-100.

解飞. 个人组织匹配与工作不安全感关系研究:领导成员交换的调节效应[D]. 苏州:苏州大学,2010.

谢义忠,韩雪,张欣,等. P-J匹配,P-O匹配与工作满意度的关系:LMX的调节作用[J]. 中国临床心理学杂志,2006,14(5):495-498.

许明月. 人-组织匹配理论的应用研究评述[J]. 商业时代,2012(14):99-100.

徐乃盛. 知识型员工个人-组织匹配与工作绩效关系的研究[D]. 济南:山东大学,2011.

杨春晓. 大学生社交媒体苦恼表露对其主观幸福感的影响研究[D]. 广州:暨南大学,2019.

杨仕元,岳龙华,高蓉. 大学生就业压力及影响因素分析[J]. 中国大学生就业,2022(14):55-64.

杨晓蓉,李欣. 基于成就目标理论的公费师范生定向就业对学业成绩的影响:以新疆维吾尔自治区为例[J]. 新疆师范大学学报(自然科学版),2019,38(2):82-89.

杨英. 人-组织匹配、心理授权与员工创新行为关系研究[D]. 长春:吉林大学,2011.

杨英,李伟. 人-组织匹配对员工创新行为的影响:心理授权的中介作用[J]. 中国流通经济,2012,26(6):72-75.

于智超. 团队凝聚力对团队效能的影响研究:以团队冲突为中介变量[D]. 济

南:山东财经大学,2013.

詹雅婷. 社交媒体使用与依赖对大学生现实社交的影响研究:以上海大学生为例[D]. 上海:上海外国语大学,2020.

章飞,陈蓓. 公费师范生教师职业认同的动力机制与强化路径[J]. 黑龙江高教研究,2020,38(1):42-46.

张珊珊,张建新. 领导-团队投入匹配对团队绩效的影响:团队满意度氛围的作用[J]. 心理科学,2014,37(1):140-145.

张升飞. 工作士气及其影响因素研究述评[J]. 商业经济,2011(16):79-81.

张献伟. 公费师范生招生"遇冷"与乡村教师队伍建设[J]. 河南教育(基教版),2020,497(11):17-19.

张勇,龙立荣. 绩效薪酬对雇员创造力的影响:人-工作匹配和创造力自我效能的作用[J]. 心理学报,2013,45(3):363-376.

赵新亮,刘贤伟. 霍兰德职业兴趣、深层学习与大学生读研期望的关系研究:基于5所"985"高校大学生的调查研究[J]. 高等工程教育研究,2017(2):48-52.

赵英,李颋. 中部地区省级公费师范生学习动力实证研究:基于S校调查数据的分析[J]. 教育理论与实践,2020,40(34):43-47.

赵忠平,秦玉友. 农村小规模学校的师资建设困境与治理思路[J]. 教师教育研究,2015,27(6):34-38.

赵忠平,黄娟. "位不配才"还是"才不配位"?:乡村教师社会地位的自我-他者认同差异及政策启示[J]. 湖州师范学院学报,2021,43(12):26-35.

郑婷婷,牟影. 多场景应用的"职业锚"职业性向测评[J]. 经营与管理,2019(2):55-59.

植子伦,姜正国,唐松林. 服务于乡村教育振兴的公费师范生职业适应双因素研究[J]. 社会科学家,2021,295(11):140-145.

周雪垠,吕依驰. 从影响教师供给的因素看师范生公费教育政策改革[J]. 文教资料,2019(18):105-106.

朱永新. 乡村振兴,基础在教育[J]. 同舟共进,2018,(4):20-21.